UNIVERSITÉ DE NANCY

FACULTÉ DE DROIT

Du Fonctionnement de la Spéculation
SUR LES
VALEURS DE BOURSE

THÈSE
POUR LE DOCTORAT EN DROIT

Présentée par M. Pierre LEFEBVRE

L'acte public sera soutenu le Samedi 27 Mai à 4 heures du soir

PRÉSIDENT : M. GARNIER, Professeur
SUFFRAGANTS : { M. BEAUCHET, Professeur
{ M. BOURCART, Professeur

LILLE
IMPRIMERIE A. MASSART
12, Rue des Prêtres, 12

1899

THÈSE POUR LE DOCTORAT

UNIVERSITÉ DE NANCY

FACULTÉ DE DROIT

Du Fonctionnement de la Spéculation

SUR LES

VALEURS DE BOURSE

THÈSE

POUR LE DOCTORAT EN DROIT

Présentée par M. Pierre LEFEBVRE

L'acte public sera soutenu le Samedi 27 Mai à 4 heures du soir

Président : M. GARNIER, Professeur

Suffragants : { M. BEAUCHET, Professeur
{ M. BOURCART, Professeur

LILLE

IMPRIMERIE A. MASSART

12, Rue des Prêtres, 12

1899

FACULTÉ DE DROIT DE NANCY

Doyen : M. LEDERLIN, ※, I ◊.
Doyen honoraire : M. JALABERT, ※, I ◊.
Professeur honoraire : M. LOMBARD (Ad.), ※, I ◊.
MM. LEDERLIN, ※, I ◊, Professeur de Droit romain, Chargé du Cours de Pandectes et du Cours d'Histoire du Droit. (Droit français étudié dans ses origines féodales et coutumières).
LIÉGEOIS, I ◊, Professeur de Droit administratif et Chargé du Cours d'Histoire des Doctrines économiques.
BLONDEL, I ◊, Professeur de Code civil et Chargé du Cours de Principes du Droit public et Droit constitutionnel comparé.
BINET, I ◊, Professeur de Code civil et Chargé du Cours d'enregistrement.
GARNIER, I ◊, Professeur d'Economie politique et Chargé du Cours de Législation financière.
MAY, I ◊, Professeur de Droit romain et Chargé du Cours de Pandectes et du Cours de Droit international public (Doctorat).
GARDEIL, I ◊, Professeur de Droit criminel, et Chargé du Cours de Législation et Economie industrielles.
BEAUCHET, I ◊, Professeur de Procédure civile et Chargé du Cours de Procédure civile (Voies d'exécution), et du Cours de Législation et Economie coloniales.
BOURCART, I ◊, Professeur de Droit commercial.
GAVET, I ◊, Professeur d'Histoire du Droit.
CHRÉTIEN, I ◊, Professeur de Droit international public et privé.
CARRÉ DE MALBERG, A ◊, Professeur de Droit constitutionnel et administratif.
GAUCKLER, I ◊, Professeur de Code civil.
MELIN, Docteur en droit, Chargé de Conférences.
RENARD, Docteur en Droit, Chargé de Conférences.
LACHASSE, I ◊, Docteur en droit, Secrétaire honoraire.
VALEGEAS, A ◊, Docteur en Droit, Secrétaire.

La Faculté n'entend ni approuver ni désapprouver les opinions particulières du candidat.

BIBLIOGRAPHIE

AUBRY et RAU. *Code de Droit civil français*, 4me édition, 8 vol., t. IV, § 385, p. 578 et suiv.
BADON PASCAL. *Des Marchés à terme*, 1895.
BÉDARRIDE. *Des Bourses de commerce*, 1883.
BOISTEL. *Précis de Droit commercial*, 1 vol., n° 623 et suiv.
BOZÉRIAN. *La Bourse et ses Opérations*, 1859, 2 vol.
BUCHÈRE. *Traité des Opérations de Bourse*, 1892, 1 vol.
COFFINIÈRES. *De la Bourse et des Opérations sur les Effets Publics et les Marchés à terme considérées d'après les Lois, la Jurisprudence, la Morale et le Crédit public*, 1824.
COURTOIS. *Opérations de Bourse*, 1855.
LYON-CAEN et RENAULT. *Précis de Droit commercial*, 2 vol., t. I, n° 1507 et suiv., 1885. — *Traité de Droit commercial*, 7 vol. parus, t. IV, n° 953 et suiv., 1898.
MOLLOT. *Bourses de commerce*, 1853.
PONT. *Petits Contrats*, 1877.
DE PRAT. Thèse de Doctorat *des Reports*, 1886.
MOLLOT. *Des Reports à la Bourse*, 1861.
FRÉMERY. *Étude de Droit commercial*, 1833.
THALLER. *Traité élémentaire de Droit commercial*, 1898.
RUBEN DE COUDER. *Dictionnaire du Droit commercial*, 1877, 1881, avec supplément, 1897. *Marché à terme. Reports.*
DALLOZ. *Répertoire. Jeu et Pari et Marchés à terme. Trésor public.*
FRÈRE JOUAN DU SAINT. *Répertoire général alphabétique. Jeu et Pari*, 1893. — *Marchés à terme*, 1898.
YVES GUYOT. *Dictionnaire du Commerce, de l'Industrie et de la Banque.*
GUILLARD. *Opérations de Bourse*, 1877.
DELOISON. *Traité des Valeurs mobilières*, 1890.
CRÉPON. *De la Négociation des Effets Publics*, 1891.

INTRODUCTION

JEU ET SPÉCULATION

Distinction entre la spéculation et l'agiotage. — Définitions.
Spéculateurs à la hausse ou à la baisse.
Différentes manières de produire la hausse ou la baisse.

« Il est une manière de juger, dit M. Anatole Leroy
» Beaulieu (1), commode à notre paresse, qui nous fait
» condamner ou nous fait absoudre en gros tout une époque,
» toute une profession, toute une classe sociale, tout un
» peuple, toute une race. C'est la théorie du bloc, chère aux
» esprits passionnés, aux esprits absolus, aux esprits super-
» ficiels. Nulle part elle n'est plus en usage qu'à l'égard des
» financiers et des hommes d'argent. Parle-t-on de la
» Bourse et des gens de Bourse, les uns excusent tout, les

(1) A. Leroy Beaulieu. art. paru dans la *Revue des Deux Mondes*,
15 déc. 1897. « Le Règne de l'argent ».

» autres réprouvent tout. En aucun domaine, cependant,
» les distinctions ne sont plus nécessaires bien qu'en aucun
» peut-être, elles ne sont moins faciles. C'est une des rai-
» sons pour lesquelles tant d'entre nous aiment mieux tout
» condamner en bloc ».

Il faut donc établir avant toute étude et toute critique une distinction des plus importantes dans les opérations de Bourse : une très grande partie de ces opérations doivent être considérées comme sérieuses et leur utilité ne peut être méconnue (1). Elles apportent une grande ressource au commerce et à l'industrie en leur amenant les capitaux inactifs, elles facilitent le crédit public en groupant rapidement ces capitaux. Il est indispensable de les séparer de toutes les opérations factices ne constituant que des jeux et des paris sur la hausse ou la baisse des cours. C'est le défaut de cette distinction qui a fait condamner en bloc toutes les opérations de Bourse. On a parlé de leur immoralité, leur légalité a même été attaquée.

Or, il y a en Bourse deux catégories de personnes : les capitalistes qui placent leur argent, achètent des valeurs qu'ils garderont en portefeuille, acquièrent des actions industrielles ou autres, comme ils pourraient acquérir des immeubles ; leurs opérations ne sont pas susceptibles d'illégalité. Il y a aussi, mais en plus grand nombre, les spéculateurs qui achètent des valeurs de Bourse pour ne les garder que momentanément, en espérant voir la valeur augmenter et pouvoir s'en défaire en réalisant un bénéfice, ou qui vendent des valeurs tout en comptant voir les cours tomber à un prix plus bas que celui de leur vente et racheter ces valeurs avec profit. Ces spéculateurs se servent d'habitude

---

(1) Courtois, p. 37, 173 et 175.

des marchés à terme et de leurs nombreuses modalités, mais ils peuvent aussi acheter au comptant : la spéculation est alors plus restreinte, elle nécessite la présence de capitaux ou de titres.

C'est au sujet de cette dernière catégorie, de ces spéculateurs, que les critiques ont été violentes : critiques que le législateur a sanctionnées par des lois très sévères et parfois même trop générales. Sous le prétexte de réprimer certains abus, on a voulu défendre toute spéculation. Il y a cependant une grande distinction à faire : la spéculation peut être sérieuse, les deux parties peuvent avoir l'intention formelle, l'une de livrer les valeurs, l'autre de payer le prix, et bien que cette acquisition ne soit faite que pour une courte durée, elle ne peut être illégale. Il ne faut pas confondre cette spéculation sérieuse (1) avec celle qui ne repose que sur des opérations fictives : lorsque l'opération de Bourse ne revêt que la forme d'un marché à terme, les deux parties ne voulant que payer les différences de cours, sans lever ni livrer les titres, cette opération n'est plus qu'un pari sur la hausse ou la baisse. Or, cette distinction a été contestée : les économistes ne voulaient voir dans toutes ces négociations qu'une spéculation dangereuse et d'autant plus à craindre qu'elle était souvent entourée des manœuvres de l'agiotage (2).

Il nous faut donner ici quelques explications au sujet de ces deux mots, spéculation et agiotage, qui sont si souvent prononcés en matière de Bourse et que l'on est quelquefois tenté de confondre.

AGIOTAGE. — Le mot *agiotage* (3) vient d'un vieux mot

(1) Buchère, n° 614
(2) Daguesseau « Mémoires sur le commerce des actions, Œuvres complètes », t. X, p. 214.
(3) Courtois, p. 157.

italien corrompu « aggio », il correspond au mot français plus-value, valeur additionnelle, et se rapproche d'une façon évidente d'un autre mot italien « agguingere » qui veut dire : ajouter. Il désigna d'abord l'excédent du prix sur la valeur réelle des choses. Plus tard en France, avant Louis XIV, on l'employa pour marquer la différence de valeur de la monnaie de banque et de la monnaie courante : agioter consistait alors à faire le commerce des espèces d'or et d'argent au comptant. Puis sous Louis XVI, on n'appela plus de ce nom « agioteurs » que les spéculateurs au comptant ou a terme sur les blés. En 1793, ce fut ceux qui spéculèrent sur les assignats et sur les espèces d'or et d'argent qui furent qualifiés de cette appellation. Cette énumération nous montre bien que le mot n'est pas nouveau et que les opérations qu'il désigne ont été depuis longtemps mises en pratique.

De nos jours on désigne parfois sous ce nom le profit usuraire et excessif qu'on prend pour convertir en argent quelque promesse ou quelque billet, mais plus communément l'agiotage désigne le trafic que l'on fait sur les effets publics, sur les valeurs de Bourse en les achetant ou les vendant suivant l'opinion que l'on a d'une hausse ou d'une baisse. Littré appelle agiotage « le trafic sur les effets publics, le jeu sur la hausse ou la baisse ». Il y a généralement dans cette appellation une idée de manœuvre frauduleuse, et lorsqu'on parle d'un agioteur, on pense d'habitude à un spéculateur qui, par des combinaisons illégales, s'efforce de faire baisser ou hausser certaines valeurs de Bourse et profiter de ces variations factices.

Spéculation. — La spéculation d'habitude ne comprend pas ces machinations coupables. La spéculation d'après

Lavaux (Dictionnaire de la langue française), est l'examen approfondi et réfléchi de la nature et des qualités d'une chose, et il ajoute que la spéculation se dit aussi des projets, des raisonnements, des calculs que l'on fait en matière de banque et de finance de commerce. Dans son manuel du spéculateur, Proudhon (1) dit que la « spéculation n'est autre chose que la conception intellectuelle des différents procédés par lesquels le travail, le crédit, l'échange peuvent intervenir dans la production ».

Le cours des effets publics comme celui des marchandises est soumis à des oscillations de hausse ou de baisse (2). Les causes en sont nombreuses : ce sont les évènements politiques, une guerre, un conflit diplomatique qui resserreront la confiance générale ou qui l'encourageront ; puis la proportion des offres et des demandes fera monter ou descendre le cours des valeurs. Or, à la Bourse, comme dans le commerce, acheteurs et vendeurs essaient avant tout de profiter des situations. Certains commerçants, par exemple, tacheront d'acheter à bas prix, pour revendre à un prix supérieur, c'est ainsi que nous avons vu l'acheteur au comptant, acquérir une valeur dans l'espoir de la voir monter et de pouvoir la recéder à un cours plus avantageux.

Mais en matière commerciale, à côté des négociants qui cherchent uniquement leurs bénéfices entre le prix qu'ils paient au producteur et celui qu'ils reçoivent du consommateur, il en est qui recherchent leurs bénéfices uniquement dans les variations de cours. Un spéculateur peut prévoir, par exemple, que les grains vont augmenter dans un certain délai, que les approvisionnements s'épuisent, que les récoltes seront mauvaises, que certains tarifs douaniers

(1) Proudhon « Manuel du spéculateur », p. 27.
(2) Courtois, p. 27 et suiv.

arrêteront à la frontière une quantité plus ou moins considérable de grains étrangers, il s'empressera, en connaissant ces circonstances, d'acheter à terme, de telle façon qu'il paiera au cours du jour, cours qu'il juge favorable et laissera un certain délai au vendeur pour lui livrer. Si les calculs de ce spéculateur sont justes, il recevra au terme fixé les grains achetés, les paiera au prix du jour d'acquisition et comme la hausse s'est produite, il pourra s'en défaire au prix du jour de la livraison et profiter de la différence. C'est l'attrait de ce bénéfice, beaucoup plus que les besoins actuels du commerce, qui ont poussé ce négociant à faire cette opération. Bien plus, il achètera même des marchandises dont il n'a aucun besoin et vendra celles qu'il n'a pas : espérant dans ce dernier cas que la baisse se produira, qu'il pourra, avant le jour de la livraison, se procurer des marchandises à un prix inférieur à celui de la vente et recevoir la différence. Ce qui se passe dans le commerce pour les marchandises se produit en Bourse pour les valeurs. A côté des capitalistes qui achètent ou vendent suivant leurs besoins, dans le but de faire un placement avantageux, il y a les spéculateurs qui ne cherchent qu'une occasion de bénéfice dans les variations nombreuses des cours. Ces opérations constituent la véritable spéculation : elle consiste à prévoir, suivant certains calculs, d'une manière plus ou moins certaine les évènements qui influeront sur les cours.

Le spéculateur qui prévoit la baisse (1) sur une marchandise vend, avec obligation de livrer à terme, un certain nombre de valeurs et il achète au moment de livrer la quantité de titres dont il a besoin ; s'il a bien prévu les

---

(1) Bozérian Ch. « Procédés de la spéculation », n° 112, t. 1, s. VII.

évènements, il les paiera à un prix inférieur au prix de vente.

Le spéculateur à la hausse achètera des titres livrables à terme et le prix du titre le jour de la livraison sera supérieur au prix d'achat. Si, par hasard, il se rencontre que les deux spéculateurs soient dans la même opération, que le spéculateur à la hausse achète au spéculateur à la baisse avec un terme déterminé, si tous deux savent que le seul but visé est la spéculation, qu'ils ne veulent profiter l'un et l'autre que des différences, ils pourront faire entre eux une convention expresse ou tacite d'un caractère particulier. Le spéculateur à la hausse achète mais dans le but unique de gagner la différence entre le prix au jour de l'achat et celui du jour de la livraison. Le spéculateur à la baisse vend mais pour gagner la même différence qu'il espère voir tourner à son profit. La circulation des titres que nécessiterait cette vente et cet achat est donc à leurs yeux bien inutile, puisqu'ils ont l'intention de se défaire des valeurs s'ils venaient à les recevoir. Le plus simple est pour eux d'aller droit au but et de voir quelle est la différence et qui doit en profiter. Le vendeur sera censé livrer, l'acheteur prendre livraison au terme fixé : les deux marchés se compenseront, sauf pour la différence qui pourra exister entre le prix du premier et celui du second.

Ces opérations faites dans l'intention de ne toucher que les différences, sans qu'il y ait livraison réelle et paiement total, deviennent à proprement parler des *jeux de Bourse*. Que le joueur puisse ou non exécuter ses conventions, qu'il achète pour des sommes supérieures à sa fortune réelle, ou que ses opérations soient relativement faibles peu importe : l'intention suffit; le spéculateur devient un joueur, s'il a la volonté en spéculant de se contenter ou de n'exiger que les différences.

Le spéculateur compte sur les évènements pour voir se produire les variations de cours il sait très bien que le hasard n'est pas le maître absolu de ces variations que les lois naturelles conservent toujours leur empire. S'il est honnête, il cherchera bien à mettre à profit et son intelligence et l'expérience qu'il peut avoir acquise pour essayer de prévoir ces évènements futurs qui auront une influence sur les cours, malheureusement ses calculs peuvent être déjoués et le hasard peut donner à ses prévisions un dangereux démenti.

Mais le spéculateur essaie parfois de mettre par certaines manœuvres le hasard de son côté et de provoquer lui-même la hausse ou la baisse : il crée des cours fictifs. Par de fausses nouvelles il provoquera le discrédit sur certaines valeurs ou s'efforcera de les mettre en vue. Ces moyens frauduleux constituent, comme nous l'avons vu plus haut, l'agiotage. Ils sont malheureusement assez nombreux et l'ingéniosité des spéculateurs malhonnêtes ne fait que les multiplier de jour en jour.

Frémery dans son *Traité des Spéculations* en donne plusieurs exemples curieux (1). Un individu achète en spéculation une forte quantité de marchandises. Pour qu'il réalise un bénéfice, il faut que la hausse se manifeste. Cet individu vend adroitement de petites quantités de marchandises avec une hausse progressive, il établit ainsi un prix-courant supérieur à son prix d'acquisition : or, ces *ventes* sont *simulées* et l'acheteur, qui s'est entendu préalablement avec le vendeur ou qui n'est même qu'un prête-nom, ne prend pas livraison: la marchandise reste la propriété du vendeur. Or, ces ventes factices produisent la hausse et le spéculateur en profite alors pour écouler réel-

(1) Frémery, p. 1 et suiv.

lement ses marchandises. Parfois aussi, le spéculateur achètera à terme une grande quantité de valeurs et, pendant le délai qui sépare le marché de la livraison, il achètera par des intermédiaires, subrepticement et par petites quantités toutes les valeurs qui se trouvent sur le marché: en un mot, l'acheteur avant la livraison *accaparera* lui-même toutes les valeurs (1). Le jour de la livraison arrivé, les vendeurs, ne pouvant trouver sur le marché d'autres valeurs que celles que possède l'acheteur, devront s'adresser à ce spéculateur. L'acheteur, maître du marché, grâce à ces achats par intermédiaires, pourra créer un cours avantageux. C'est à ce taux qu'il vendra à celui qui sera tantôt son vendeur, des valeurs qui rentreront immédiatement en sa possession. C'est lui qui vendra par l'intermédiaire de ses agents à un taux qu'il a créé lui-même, modérant les pertes afin d'éviter la ruine complète de ses vendeurs et le scandale qui pourrait faire découvrir la nature de ces spéculations. Pour opérer cet accaparement, l'agioteur choisira des valeurs peu étendues dont il pourra facilement s'emparer ; si la quantité des valeurs est trop grande, il trouvera moyen de s'associer à d'autres spéculateurs. Une association de capitaux arrivera à fournir encore des sommes suffisantes à ces accaparements. Ces accaparements par lesquels l'acheteur à terme arrive à « étrangler » son vendeur, peut exister pour les marchés de marchandises ; mais en Bourse, pour les valeurs publiques, une pareille opération devient excessivement rare et difficile : l'acheteur devant s'emparer, avant le terme, de la livraison de toutes les valeurs, fera agir ses prête-noms pour acquérir par petites quantités les valeurs livrables à terme; il devra passer par l'intermédiaire d'un agent de change qui lui

(1) V. l'art. d'A. Leroy-Beaulieu « Le Règne de l'argent ».

laissera ignorer les noms de ses contre-parties (1) ; il s'exposera donc à racheter des valeurs qu'il a déjà acquises ou à les racheter à ses prête-noms. Si l'accaparement, lorsqu'il réussit, peut produire d'énormes bénéfices, il est souvent, lorsque le succès ne répond pas à ces manœuvres coupables, la cause d'une ruine complète.

Ce sont malheureusement ces procédés qui ont jeté le discrédit sur les opérations de Bourse (2) on n'a voulu voir partout que jeux de Bourse et agiotage : on a confondu la véritable spéculation avec le jeu où le hasard n'a souvent qu'une trop grande part et le jeu avec les procédés déloyaux dont se servent les joueurs pour atténuer les effets du hasard. Autrefois même, l'opération au comptant fut attaquée, mais ce sont surtout les opérations à terme qui furent l'objet des critiques des économistes : C'est ainsi que Mirabeau écrivait sa *Dénonciation de l'agiotage au Roi et à l'Assemblée des Notables* (3) et que plus tard J.-B. Say (4) disait dans son *Cours d'Economie politique :* « tous ces jeux qui entraînent beaucoup de malheurs et dont l'industrie et la production ne profitent jamais, pourraient être supprimés, si le gouvernement le voulait. »

Il est intéressant d'étudier comment le législateur a écouté ces plaintes, mais avant, il faut commencer par voir ce que sont en bourse les opérations au comptant, pour approfondir ensuite les marchés à terme, leur légalité et leurs modalités.

---

(1) V. « Sur le secret professionnel des Agents », Lyon-Caen et Renault, t. IV, p. 920 et 922.

(2) Boistel. V. n° 645 et suiv.

(3) Mirabeau « Dénonciation de l'agiotage au Roi et à l'Assemblée des Notables ». Courtois, p. 158.

(4) Say J.-B. « Cours complet d'Economie politique.» Chap. XV. de la VIII° partie.

PREMIÈRE PARTIE

MARCHÉS AU COMPTANT

Marchés au Comptant

Définition — Leur nombre — Différentes manières de l'employer — Placement d'argent — Spéculation.
Commune.
Formalités : Marché fait au cours du jour, cours moyen, etc.
Livraison des titres au porteur, nominatifs — Délais.
Transmission de propriété.
Questions de droit : Difficultés s'élevant entre l'agent et le client.
— Difficultés s'élevant entre les deux agents.
— Difficultés s'élevant entre l'agent et un mandataire.

Lorsqu'on parle de spéculation et de jeu sur les valeurs de Bourse, on n'envisage d'habitude que les *marchés à terme*. Ces opérations présentent en général plus d'aléas que n'en offrent les marchés au comptant : leur règlement ne doit se faire qu'à une époque plus ou moins éloignée de leur négociation, et le laps de temps qui sépare la réalisation du contrat du moment de sa formation, permet aux variations de cours de se produire. L'espoir de voir la hausse ou la baisse arriver pendant cet intervalle, attire spéculateurs et joueurs. Ces marchés à terme pour ces raisons sont de beaucoup les plus nombreux : en 1821, leur nombre à Paris surpassait de cinquante fois celui des marchés au comptant et cette proportion, depuis ce jour, n'a fait que croître et augmenter (1); mais il faut aussi ajouter que ces opérations à terme ne se font pour ainsi dire qu'à Paris et que les Bourses de province, sauf de rares exceptions, ne s'occupent que des négociations au comptant. Les agents de change chargés en province de faire pour leurs clients des marchés à terme, se servent de l'intermédiaire de leurs confrères de Paris.

Mais à côté de ces opérations à terme dont la quantité augmente de jour en jour, existe une opération beaucoup plus simple et ne présentant, pour ainsi dire, au point de vue juridique, aucune difficulté : c'est le *marché au comptant*. Il diffère du marché à terme en ce sens que le règlement, c'est-à-dire la livraison des valeurs vendues et le paiement du prix, peut avoir lieu au moment même où se conclut le marché ou dans un délai très limité. Nous nous trouvons donc en présence d'un contrat de vente ordinaire, contrat par lequel acheteur et vendeur conviennent de la chose à livrer et du prix à payer, et par lequel ils s'obligent mutuellement à remplir leurs engagements sur le champ ou dans un très court délai rendu nécessaire par les difficultés matérielles. Les marchandises qui, d'habitude font l'objet des marchés ordinaires, sont remplacés par des valeurs de Bourse, titres de rente, actions, obligations ; et l'intermédiaire qui, pour les opérations sur marchandises, est un courtier devient ici un agent de change. « C'est donc, suivant une expression de Boistel, un contrat pur et simple du droit civil, celui qui n'est ni à terme ni conditionnel » (2), et sa légalité ne peut être mise en doute.

(1) Buchère « Opérations de Bourse », n° 395.
(2) Boistel « Droit commercial », n° 623. — Thaller « Droit commercial », n° 745.

En général, l'acte que fait l'opérateur au comptant est un acte civil (1), il achète un titre pour le garder, il le vend parce qu'il a besoin de fonds ; mais s'il intervient dans son opération une idée de spéculation, l'acte devient alors commercial (2). Cette solution a une grande importance au point de vue de la compétence des tribunaux : compétence qui variera suivant le caractère de l'opération. En règle générale le Tribunal civil sera seul compétent pour les opérations au comptant, mais si ces opérations sont le résultat de spéculations, la compétence sera alors du Tribunal de commerce (3).

Le but que poursuit l'acheteur au comptant peut en effet varier suivant les circonstances. D'habitude l'acheteur au comptant ne veut que faire fructifier son capital : lui faire produire un intérêt. Ayant confiance dans la solidité de la valeur qu'il acquiert, il est poussé par le désir de retirer un intérêt raisonnable des sommes d'argent qu'il emploie à cette acquisition : cet intérêt se décompose lui-même en deux parties, l'une est la représentation des avantages que peut procurer l'avance des capitaux, l'autre est la compensation des risques que peut courir le capitaliste en confiant son numéraire à des mains étrangères. Ces deux éléments doivent être étudiés dans la question de la juste production du capital, ils doivent être combinés lorsqu'il s'agit de savoir si l'intérêt est suffisant. Le second élément, c'est-à-dire la compensation des risques encourus, et qui est parfois dénommée « prime des risques » (4), est essentiellement variable, augmentant ou diminuant suivant le

(1) Mollot, n° 642.
(2) Boistel, n° 623.
(3) Thaller, n° 745.
(4) Courtois « Opérations de Bourse et de Change », p. 59.

caractère plus ou moins aléatoire de l'opération, de telle façon qu'en prenant un capital placé à 4 ou 5 %, ces 4 ou 5 francs reçus pour chaque portion de cent francs comprendront, par exemple, 2 francs de véritable intérêt et 2 ou 3 francs de prime pour le risque encouru. Dès que l'acheteur au comptant aura employé ses capitaux dans ces conditions, il ne fera plus que les surveiller sans les déplacer : il aura fait un *placement d'argent*.

SPÉCULATIONS. — Mais cet acheteur au comptant aussi bien que l'acheteur à terme peut-être poussé dans ses opérations par une idée de spéculation et de jeu. Ce qui fait la caractéristique du spéculateur et du joueur, ce n'est pas la manière dont ils jouent, mais bien leur intention de jouer. On peut, en effet, acheter au comptant des valeurs aléatoires à des prix que l'on juge avantageux et avec la pensée que la hausse se produira à une époque plus ou moins éloignée. Jusqu'à ce jour, l'acheteur gardera ses titres, mais il s'empressera de les liquider lorsqu'ils auront atteint un cours supérieur à leur prix d'achat, Cette spéculation, qui paraît bien simple à l'étude, présente déjà des risques considérables ; elle nécessite une connaissance approfondie des valeurs acquises et des chances qu'elles peuvent avoir d'augmenter ; elle force l'acheteur au comptant à n'acheter que des valeurs dont les cours sont essentiellement variables et qui, par le fait même, sont exposées plus que d'autres aux manœuvres de l'agiotage. En acquérant ces valeurs l'acheteur au comptant peut avoir la certitude d'une hausse ou d'une baisse rapide qui amènera pour lui un gain ou une perte. Si la hausse se produit, s'il peut espérer réaliser un gain en vendant en hausse des titres qu'il avait achetés en baisse, il se défera de ces valeurs ; si la baisse arrive : l'acheteur au comptant gardera au contraire ses titres, dans l'espoir de voir arriver des cours plus élevés. Dans ce dernier cas, en supposant l'arrivée d'une d'une forte dépression sur les cours pour atténuer et même faire disparaître complètement ses pertes, l'acheteur au comptant peut faire ce que l'on appelle en bourse, une *commune*.

Commune. — Nous pouvons supposer qu'un spéculateur, après s'être rendu acquéreur, au comptant, d'un certain nombre d'actions ou de titres de rente à un prix donné, voit les cours subitement s'effondrer. S'il continue, malgré tout, à croire la hausse possible, il achètera de nouveau une quantité égale de ces mêmes actions à ce taux inférieur, de façon qu'en admettant que les prévisions de ce spéculateur se réalisent, si le cours vient à remonter, en faisant la moyenne de ses gains et de ses pertes, il arrive à diminuer son déficit, parfois même à le combler. C'est faire « une moyenne ou une commune ». Un acheteur se rend, par exemple, acquéreur en bourse de cinquante actions à cinq cents francs ; il espère les voir dans deux ou trois mois à six cents francs, et se propose de les réaliser à cette époque. Le contraire se produit : les actions tombent à quatre cent cinquante ; si, malgré ces circonstances, l'acheteur continue à croire à la hausse, il achètera une égale quantité de ces mêmes actions à ce cours inférieur : quatre cent cinquante. Supposons que les cours remontent à quatre cent soixante-quinze : comme il a acheté cinquante actions à cinq cents francs, il perd donc cinquante fois la différence entre quatre cent soixante-quinze et cinq cents, soit vingt-cinq francs par action, mais, comme il a de même acheté cinquante actions à quatre cent cinquante, il gagne cinquante fois la différence entre quatre cent cinquante et quatre cent soixante-quinze, soit vingt-cinq francs par action ; dans ce cas, sa perte est donc contrebalancée par son gain. On pourrait multiplier les exemples et, tout en gardant comme chiffre du cours le plus élevé cinq cents francs, et comme chiffre du cours le plus bas quatre cent cinquante, en déplaçant plus ou moins le chiffre du cours final, que nous avons pris dans l'espèce quatre cent soixante-quinze, on verrait le spéculateur terminer ses opérations par un gain si le cours final est supérieur à quatre cent soixante-quinze, par une perte s'il est inférieur.

Malgré tout, ces spéculations au comptant sont chanceuses, et d'autant plus dangereuses qu'elles sont bien simples en apparence et attirent par ce fait les plus inexpérimentés. C'est la petite spéculation qui, trop souvent. mène à la grande le petit spéculateur trompé dans ses espérances. A la suite d'opérations malheureuses, voulant sauver ses capitaux, l'acheteur au comptant multiplie ses combinaisons et, bientôt, achète et vend à terme pour regagner ce qu'il a perdu en jouant au comptant (1).

D'autres fois, les petits capitalistes se servent des opérations au comptant pour réaliser certaines combinaisons qui ne présentent pas de grands périls, mais dont l'unique but est d'augmenter leur revenu. Au lieu de rechercher le surcroît de valeur que peut acquérir une action ou un titre de rente, ils ne s'attachent qu'à l'intérêt que peuvent produire ces actions. Ils choisissent de préférence des valeurs de toute sûreté, qu'ils connaissent pour être presque invariables dans leurs cours ordinaires. Ils achètent une certaine quantité de ces valeurs quelque six semaines ou un mois avant l'échéance du coupon ; à cette époque, le cours est encore normal et le résultat que produit généralement

---

(1) Courtois, p. 61, 6 fr. — Buchère, n° 396.

l'approche de l'échéance ne se fait pas encore sentir sur le cours des valeurs. Plus l'échéance devient prochaine, plus le titre acheté a une tendance à monter ; l'échéance arrive, le possesseur de titres touche le coupon et il attend que le cours soit redescendu à son état primitif pour revendre sans perte les valeurs qu'il a momentanément acquises, et que la baisse produite par le détachement du coupon ait complètement disparu. Cette opération terminée, dès qu'ils ont liquidé leurs valeurs, redevenus possesseurs de leurs capitaux, ils les emploient à faire, d'un autre côté, une pareille acquisition. Le résultat, pour ces acheteurs au comptant, est d'avoir touché un coupon qui représente le produit de l'accumulation d'intérêts pendant six mois ou un an, tout en n'ayant gardé les titres que pendant deux ou trois mois ; le résultat est d'avoir augmenté, parfois même doublé leurs revenus, en n'exposant leurs capitaux pour ainsi dire à aucun risque et en ne payant que le courtage des agents. Malheureusement ce courtage, trop souvent répété, enlève parfois à ces petits spéculateurs une grande partie de leurs bénéfices, et une seule opération manquée peut faire disparaître le résultat de plusieurs années de combinaisons.

Formes. — Ce qui caractérise avant tout le marché au comptant et qui le distingue du marché à terme, c'est qu'il n'y a dans ce marché aucun délai stipulé pour l'exécution de la convention. Les *formalités* qui entourent ces marchés au comptant ne sont pas aussi nombreuses que celles des marchés à terme. L'ordre d'achat ou de vente au comptant est donné à l'agent de change par le client soit de vive voix, ou par lettre, ou par le moyen des petits papiers rédigés par les associés ou commis des agents, écrits sous les ordres du client, et qui circulent au moment même de la Bourse.

Pour ces différents cas, les opérations au comptant se font suivant les désirs des clients, soit à un *prix déterminé*, soit au *premier* ou au *dernier cours*, soit au *cours moyen*. 1° Si l'ordre a été donné à un taux déterminé, l'agent ne doit exécuter l'ordre que si les valeurs atteignent le taux indiqué, pendant la Bourse du jour convenu, ou bien à n'importe quelle époque s'il n'y a pas eu fixation de jour. 2° Si l'opération doit se faire au cours du jour, l'agent aura la possibilité de l'exécuter au plus haut ou au plus faible cours atteint par la valeur pendant la durée de la Bourse. Mais cet état de chose laissant toute liberté à l'agent est une cause d'incertitude pour le client, L'acheteur ou le vendeur au comptant peut en réalité profiter des circonstances et réaliser ses opérations aux meilleurs cours de la journée mais il est à la merci d'un agent infidèle : car celui-ci, en cas d'achat, peut porter sur le bordereau le cours le plus haut fait à la Bourse du jour ; en cas de vente, il peut porter le cours le plus bas, et profiter personnellement de la différence. Le client n'a aucun moyen de contrôler le cours réel de la négociation, et il supporte ainsi un supplément de prix qui peut être parfois très appréciable. 3° Pour éviter ce danger, les clients font le plus souvent leurs opérations au cours moyen d'un jour fixé. Ce mode d'opération, le plus simple et le plus avantageux pour les placements d'argent, ne laisse aucun arbitraire aux agents et permet aux clients de profiter dans une certaine mesure des chances de hausse de baisse qui se produiront en Bourse. Mais il est encore possible à l'agent d'abuser de la confiance de son client en créant un cours factice et en élevant ainsi la moyenne où en la baissant. Supposons qu'un vendeur au comptant donne ordre de vendre cent actions au cours moyen, le jour où elles oscillent entre 495 et 500 francs.

L'agent, au lieu de s'en tenir aux ordres de son client, prévoyant quel sera le résultat de la Bourse, vend à ses risques et périls à 497. De plus il vend, postérieurement à sa première opération, lui-même ou par l'intermédiaire d'un autre agent deux ou trois actions à 493 : de cette façon, le cours moyen qui était en réalité de 497,50, à la suite de cette vente à 493, devient 496,50 : l'agent de change ayant vendu à 497 réalise un bénéfice de 0,50 cent. par action, sauf la perte qu'il a subie sur la vente des deux ou trois actions. Il faut ajouter que ces abus ne se présentent que dans des cas excessivement rares, que, si jamais ils étaient découverts, ils seraient sévèrement réprimés par la chambre syndicale qui a été établie pour assurer la stricte observation des devoirs professionnels (1). Ce *cours moyen* est fixé dans la réunion des agents de change qui a lieu chaque jour après la Bourse et il est d'habitude mentionné à la cote officielle. A Paris ces marchés au cours moyen sont négociés, avant la Bourse, dans le cabinet des agents de change par eux-mêmes et quelquefois par leurs commis ; les autres opérations se négocient au parquet pendant la Bourse.

Tous les marchés au comptant à des cours autres que le cours moyen, comme tous les marchés à terme se *font à haute voix*. L'agent, qui offre de la rente ou tout autre effet, doit dire à quel prix il offre, celui qui demande doit dire à quel prix il demande : le marché se conclut par l'offre et la demande au même prix, c'est l'accord des deux volontés de l'acheteur et du vendeur qui fait naître la convention. Toutes les opérations sont inscrites sur le carnet des agents et ces derniers ne quittent point la Bourse sans avoir *pointé* avec leurs confrères les opérations relatées sur les carnets.

(1) Bozérian « La Bourse », t. 1ᵉʳ, nᵒˢ 50, 51 et en note.

Livraison des titres au porteur. — L'opération au comptant se fait sans qu'il y ait aucun délai limité pour sa parfaite exécution. Mais les formalités matérielles nécessitent parfois un temps plus ou moins long, lorsqu'il s'agit de titres nominatifs (2). Pour les titres au porteur la tradition manuelle suffit. La livraison et le paiement peuvent se faire simultanément le jour même de la Bourse, et la propriété s'en trouve transférée par la simple tradition manuelle. Aux termes du règlement particulier décrété à la fin de juin 1898, paru au *Journal Officiel*, le 1er juillet (art. 42), « les effets au porteur ou transmissibles par voie d'endossement négociés au comptant, doivent être livrés par l'agent vendeur avant la cinquième Bourse qui suit celle de la négociation ». L'article 55 du décret du 7 octobre 1890, disait que si un retard se produisait « le donneur d'ordre peut, après avoir mis l'Agent en demeure par un acte extrajudiciaire, notifier en la même forme, dans le délai de vingt-quatre heures cette mise en demeure à la chambre syndicale ». L'article ajoute que la chambre syndicale prend, à l'égard de l'agent de change, les mesures nécessaires propres à assurer l'exécution du marché. Au besoin même l'exécute elle-même, au mieux des intérêts du donneur d'ordre, aux risques et périls de l'agent en défaut. Elle ne peut s'y refuser qu'en dénonçant la situation, dans le délai de quinzaine, au Président du Tribunal de commerce. L'art. 55 nous montre la situation d'un donneur d'ordre vis-à-vis d'un agent de change, son mandataire et le recours qu'il peut avoir contre lui. Mais, comme les opérations même au comptant se font d'habitude par l'intermédiaire de deux agents : un agent de change vendeur et un agent de change

---

(2) Lyon-Caen, t. IV, n° 952.

acheteur, quelle sera la situation de l'un de ces agents vis-à-vis d'un confrère qui n'exécute pas son marché ? L'article 42 précité du décret du 1er juillet 1898, après avoir donné comme délai de livraison la cinquième Bourse, ajoute « ce délai expiré, l'agent acheteur doit immédiatement, sous réserve de l'application des pénalités prévues par l'article 23 du décret du 7 octobre 1890, afficher son vendeur. L'affiche restera apposée pendant trois Bourses pleines. A la quatrième Bourse qui suit celle de l'affiche, il sera procédé sans remise au rachat officiel par les soins de la Chambre syndicale. »

TITRES NOMINATIFS. — Les *titres nominatifs* et leurs négociations entraînent plus de formalités. Tandis qu'aux termes de l'article 47 du décret de 1890 (1), les agents de change peuvent se livrer entre-eux, de la main à la main, les valeurs au porteur, ils doivent recourir pour les titres nominatifs, aux formalités du transfert. Presque toujours pour éviter ces difficultés, ils commencent par convertir ces titres nominatifs en titres au porteur, avant leur négociation définitive, et l'opération devient alors une simple vente ou échange de titres au porteur. Mais pour les rentes sur l'Etat assez fréquemment, pour les actions de la Banque qui ne peuvent, d'après la loi, affecter d'autre forme que la forme nominative, pour les actions, qui d'après les statuts de l'établissement qui les émet, ne peuvent subir une telle transformation, il est impossible d'éviter ces règles particulières. La réalisation complète de l'opération est plus longue ; d'autant plus qu'il faut passer par l'intermédiaire des agents de change. Il faut que la propriété du titre passe du client vendeur à son agent de change, que ce dernier la transmette à son confrère acheteur, qui lui-même la fera

---

(1) Boistel, n° 366.

passer sur la tête de son client, mais toujours en respectant la règle que les deux donneurs d'ordre doivent rester inconnus l'un pour l'autre. Voici comment s'effectue l'opération : aux termes de l'article 95 de l'ancien Règlement Général des agents de change, « Les effets transmissibles par » voie de transfert, négociés au comptant, peuvent être » livrés par le vendeur dès le lendemain de la remise des » noms ou acceptations. Ils doivent l'être avant la sixième » Bourse qui suit celle de la négociation ». Puis le règlement donne un tableau des opérations successives relatées jour par jour, et qui peut se résumer ainsi : 1° Le premier jour : le client vendeur donne ordre de vendre à son agent de change et dépose son titre. La négociation se fait ou peut se faire à la Bourse du même jour. 2° Le lendemain : l'agent de change vendeur, qui ne doit pas connaître le nom du client de l'agent acheteur, avec lequel il a opéré, reçoit de son confrère le nom personnel de l'agent acheteur. C'est ce que l'on appelle la *remise des noms*. Grâce à ce moyen, le nom du client acheteur, de même que celui du client vendeur restent ignorés, et l'on évite de cette façon les ententes illicites qui pourraient faciliter l'agiotage et les spéculations frauduleuses. L'opération ne se passe qu'entre les agents de change. La remise des noms doit se faire dans les vingt-quatre heures. 3° Le troisième jour : le client vendeur est appelé au «bureau des transferts », pour signer le transfert du titre vendu, à moins qu'il n'ait donné sa signature dans les bureaux de l'agent de change (loi du 26 juin 1885), le transfert est signé au profit de l'agent de change vendeur. 4° Le quatrième jour : une inscription nouvelle, délivrée à la suite de ce transfert, est remise à l'agent vendeur qui la transmet lui-même à son confrère acheteur. En même temps qu'il remet ce titre, l'agent vendeur fait parvenir à l'agent acheteur un bordereau de négociation. Sur la réception du bordereau acquitté et de l'inscription transférée à son nom, celui-ci paie le prix d'achat. L'opération est alors terminée vis-à-vis du vendeur. L'agent de change acheteur signe définitivement le transfert au nom de son client et transmet les pièces au bureau de la Trésorerie ; enfin, le lendemain, c'est-à-dire le cinquième jour après l'ordre donné, ces pièces sont inscrites définitivement au nom du client vendeur et lui sont remises.

Ces deux transferts successifs que nous avons vu figurer dans cette série d'opérations ont reçu des noms différents. Le transfert que l'agent vendeur signe sur les registres au nom de l'agent acheteur, a reçu le nom de *transfert d'ordre*. Et lorsque l'agent a payé le prix d'achat, il signe lui-même un nouveau transfert au nom de son client acheteur, c'est le véritable *transfert réel*. Le transfert d'ordre prescrit par la Chambre syndicale des Agents de change de Paris par un arrêté en date du 28 avril 1828, se fait sans augmentation de frais et constitue la garantie la plus sérieuse de l'exécution de la négociation : la propriété des titres n'est ainsi transmise qu'après le paiement intégral du prix (1).

Il faut donc cinq ou six jours pour exécuter complètement le marché. Ces délais peuvent parfois être écourtés, surtout lorsque le même agent de change est chargé par plusieurs personnes différentes d'acheter et de vendre des valeurs nominatives de même nature au cours moyen. L'opération est alors certaine, les signatures peuvent être données dans le bureau même de l'agent, les lenteurs de la remise des noms sont évitées et ce transfert, étant donné la certitude de

---

(1) Buchère « Opérations de la Bourse », nos 175 et suiv. — Lyon-Caen et Renault, n° 1503.

la négociation, peut se faire avant le jour de la Bourse désigné pour l'achat et la vente. Mais en règle générale, sans tenir compte de ces particularités, en raison des nombreuses formalités du transfert des titres nominatifs, de leur immatriculation, de leur remise, le client acheteur ne peut exiger la remise des valeurs par lui acquises que le huitième jour après la négociation. Passé ce délai, il aura le même recours que l'acheteur au comptant de titres au porteur.

Entre les deux agents de change, la situation est la même que celle que nous indiquions plus haut : lorsqu'avant la cinquième Bourse qui suit la remise des noms, l'agent acheteur n'a pas reçu les valeurs vendues, il exécute son confrère ; il le prévient par une affiche visée par un des membres de la Chambre syndicale et apposée dans l'intérieur du cabinet des agents de change, qu'il fera racheter à la Bourse du lendemain les mêmes valeurs, pour son compte, à ses risques et périls. Cet achat est opéré par un des adjoints désignés par le syndic des agents de change ; un bordereau avec mandat exécutoire revêtu de la signature du syndic et de l'adjoint est remis à l'agent créancier, qui alors exerce son recours contre son confrère.

TRANSMISSION DE PROPRIÉTÉ. — Après avoir étudié la formation de ces opérations de Bourse, leurs formalités et leur mode d'exécution, il est intéressant de se demander : 1° à quel moment précis se trouvent réalisés ces marchés au comptant, à quel moment intervient la *transmission de la propriété des titres* ou du prix ; 2° quelle est la situation de l'agent de change vis-à-vis de son client, ou vis-à-vis de son confrère pendant le laps de temps qui sépare l'ordre de bourse de sa complète exécution, la remise des titres et le paiement ?

Antérieurement à la législation du 28 mars 1885, les difficultés ne se présentaient que rarement, surtout pour les marchés au comptant. L'agent de change ne devait exécuter les ordres qu'il avait reçus qu'après s'être fait remettre, par le client vendeur, les titres qu'il avait mission de vendre et l'agent acheteur devait avoir reçu le prix nécessaire à l'acquisition des titres. La situation était alors des plus simples. En 1724, un arrêt du conseil en date du 24 septembre (1) disait, dans son article 29, « que les particuliers qui voudront acheter et vendre des papiers commerçables et autres effets remettront l'argent ou les effets aux agents de change » et la sanction de ces prescriptions était la destitutions et une amende de trois mille livres dont se rendait passible tout agent contrevenant. Plus tard, sous le consulat, l'arrêt du 27 prairial an X ajoutait dans son article 13. « Chaque agent de change, devant avoir
» reçu de ses clients les effets qu'il vend ou les sommes
» nécessaires pour payer ceux qu'il achète, est responsable
» de la livraison et du paiement de ce qu'il aura vendu ou
» acheté. » Le Code de commerce ne toucha en aucune façon à ces anciens arrêts : l'article 90 se contente de renvoyer à des règlements d'administration publique qui devaient être ultérieurement rendus sur cette matière, et même dans son article 86, en déclarant que les agents de change ne peuvent se porter garants des marchés dans lesquels ils s'entremettent, article abrogé par la loi du 25 mars 1885, il montrait implicitement qu'en l'absence de nouveaux règlements il y avait lieu de s'en tenir aux anciens.

Ces prescriptions s'appliquaient d'une façon générale à tous les marchés au comptant ou à terme. Mais dans la

(1) Voir plus loin « Législation antérieure à 1885 ».

pratique, si les agents de change se faisaient d'habitude remettre avant la négociation les titres ou l'argent lorsqu'il s'agissait d'un marché au comptant, pour les opérations à terme ils se contentaient d'une simple couverture, il s'en contentaient même lorsque les ordres n'étaient pas donnés directement par le client, mais transmis par l'intermédiaire d'un mandataire, banquier ou notaire, avec lequel ils étaient en compte courant. Pour couvrir sa responsabilité personnelle, l'agent n'exigeait qu'un dépôt de valeurs qui devaient rester entre ses mains et parfois même portait simplement au débit du compte courant les avances faites pour l'exécution des marchés.

La loi de 1885 est intervenue dans cette question, l'usage de ne demander qu'une simple couverture était complètement admis en Bourse de Paris, la loi de 1885 est venue donner une force légale à cet usage : elle a abrogé, dans son article 3, les anciens arrêts du 24 septembre 1724. Mais lorsque cet article fut présenté à la discussion de la Chambre le rapporteur de la proposition de loi parlait en même temps de supprimer l'article 13 de l'arrêté du 27 prairial an X, devenu inadmissible à cause même de ses rigueurs, après la liberté complète des marchés à termes. Lors de la discussion de la loi au Sénat, on fit remarquer qu'on allait par cette abrogation porter atteinte au principe de la responsabilité des agents de change qu'on ne pouvait, sans de graves inconvénients, faire disparaître la seule disposition légale qui parlât de cette responsabilité. L'arrêt de 1724 fut donc seul abrogé et tout en conservant l'article 13, on le modifia en supprimant les mots : « chaque agent devant avoir reçu de ses clients les effets qu'il vend et les sommes nécessaires pour payer ce qu'il achète ». A la suite de ces réformes et de ces modifications, l'agent de change acquiert le droit de faire les opérations au comptant et à terme, sans remise préalable des titres et sans versement des sommes nécessaires à ces négociations. Mais cette possibilité n'est pour lui qu'une faculté : il a le droit, s'il n'a qu'une confiance limitée en la solvabilité de son client, d'exiger ces remises ou ce recouvrement : l'article 58 du règlement du 7 octobre 1890 lui reconnaît ce droit d'une façon formelle. « L'agent de change est en droit d'exiger que le donneur » d'ordre lui remette, avant toute négociation, les effets à » négocier ou les fonds destinés à acquitter le montant de » la négociation. »

Au point de vue de la transmission de la propriété des titres, c'est le jour même où la remise des titres a été faite par l'agent vendeur aux mains de l'agent de change acheteur, que l'opération est considérée comme complètement terminée (1). La propriété des titres est définitivement acquise à l'acquéreur, sans qu'il y ait lieu de s'occuper de savoir si l'agent de change vendeur a reçu de son confrère acheteur le prix de la vente en retour de la remise des valeurs et si ce prix a été lui-même remis au client vendeur.

L'achat et la vente au comptant des valeurs de Bourse sont régis, en effet, par les règles générales du contrat de vente ; de plus, l'article 2279 du Code civil « en fait de meubles possession vaut titre » est aussi applicable en cette matière, en faveur de celui a reçu les effets. Dès qu'il y a eu remise de titres à l'agent de change acheteur, comme celui-ci n'est qu'un mandataire, la propriété des titres passe immédiatement au mandant le client acheteur, sans que ce dernier ait à souffrir de ce que son mandataire l'agent de

---

(1) Buchère, n° 403 et suiv. — Boistel, n° 641.

change n'a pas remis le montant à son confrère (1). Cette solution ne fait aucune difficulté lorsqu'il y a eu remise matérielle des titres ; mais la jurisprudence admet même d'une façon constante qu'il suffit d'une *simple spécialisation*. Il suffit que les titres achetés soient spécifiés d'une façon assez évidente pour qu'on puisse les distinguer d'autres titres qui sont aussi en possession de l'agent de change. Or, cette spécialisation, qui n'est pour les tribunaux qu'une question de fait, peut résulter du bordereau que l'agent de change a dressé pour l'énumération des valeurs acquises : l'article 13 de la loi du 15 juin 1872, force les agents à indiquer sur les bordereaux les numéros des valeurs. Cette indication de numéros constitue une détermination assez complète d'après la jurisprudence. (Aix, 9 avril 1870. S. 3. 70 2. 323. D. 71. 2.58). Les tribunaux ont parfois même décidé qu'il suffisait d'une simple indication ultérieure de ces numéros ou d'une fiche, d'une étiquette attachée à des titres enfermés dans les bureaux de l'agent de change pour créer cette spécialisation (Paris, 6 juillet 1870. S. 70. 2. 234 — 71. 2. 207. D. 71. 2. 182). Or, cette question peut avoir une énorme importance, lorsqu'on envisage le cas où l'agent de change acheteur vient à tomber en faillite, quelque temps après l'opération de Bourse terminée et avant que les titres ne soient remis au client. En se basant sur cette transmission immédiate de la propriété, le client pourra réclamer les titres achetés, mais encore en possession de l'agent de change, comme lui appartenant pourvu qu'ils soient bien spécifiés. Il intervient alors dans la faillite comme propriétaire et revendique sa chose ; il ne pourrait, dans le cas contraire, que se présenter à titre de créancier pour ne recevoir qu'un dividende.

(1) Troplong « Prescription », t. II, n° 1065. — Boistel, n° 617, p. 427. — Buchère, n· 409 et suiv.

En résumé, la propriété des titres au porteur s'acquiert par la *tradition ou la spécialisation*, sans qu'il y ait lieu de savoir si le prix en a été réellement payé : c'est ce que la Cour de Paris a notamment décidé dans un arrêt du 16 mars 1833. (D. 33.2.75 — S. 32. 2. 652.) Il s'agissait de titres qui avaient été livrés à l'agent de change même avant l'échéance déterminée pour la livraison. « Considérant, dit l'arrêt, que la vente des actions au porteur faite entre agents de change, au comptant, avec livraison, investit définitivement l'acquéreur de bonne foi de la propriété de ces actions », et en s'appuyant sur ces motifs, la Cour repoussa les réclamations d'un client qui avait livré les titres à son agent sans en avoir reçu le prix, qui prétendait que l'opération n'était point complète, que la propriété n'avait pas été transférée.

Cette propriété est également opposable aux tiers, en vertu de l'article 2279 du Code civil, sauf dans le cas où les titres auraient été frappés d'opposition. La loi du 15 juin 1872 indique alors les formalités à remplir pour ces titres volés ou perdus.

Ces règles de transmission immédiate de propriété ne s'appliquent qu'aux valeurs au porteur ; nous avons vu plus haut les formalités à remplir pour les valeurs nominatives (1). Il faut d'abord que la propriété passe des mains du client dans celles de l'agent, qui la transmet à son confrère, qui lui-même la fait parvenir à son client. Par rapport aux agents et ses ayant-cause, la propriété est bien transmise, avant les formalités définitives du transfert réel, par le transfert d'ordre ; mais, vis-à-vis des tiers, la propriété n'est définitivement acquise par le client acheteur que

(1) Buchère, n° 405.

lorsque les conditions du transfert réel sont complètement remplies.

Recours. Agents de change et clients. — Avant la loi de 1885, aucune difficulté ne pouvait surgir lorsque l'agent de change avait suivi les exigences des anciens arrêts de 1724. Il ne devait faire aucune négociation sans avoir entre les mains les titres qu'il était chargé de vendre ou les sommes nécessaires aux achats qu'il devait faire. Dès que les titres étaient achetés et spécialisés, le client ou ses représentants pouvaient les réclamer comme leur propriété, mais l'agent de change, avant de faire même l'opération, avait reçu les sommes. Si, par hasard un agent, recevant un ordre au dernier moment et confiant dans la solvabilité du donneur d'ordre, avait réalisé une opération sans avoir entre les mains ni titres ni argent, pouvait-il dans ce cas être tenu de se dessaisir des titres, les remettre aux mains de son client acheteur avant d'en avoir reçu le prix ? Cette situation qui ne se présentait qu'exceptionnellement avant la loi du 28 mars 1885 est devenue beaucoup plus fréquente depuis que les agents de change sont dispensés de l'obligation d'exiger toute remise préalable. Sous l'ancienne législation de 1724, la sanction était rigoureuse, l'agent devenait personnellement responsable lorsqu'il opérait à découvert, mais il ne perdait pas tout recours contre son client. Pouvait-il pour se couvrir *garder les titres achetés* et en refuser la livraison avant tout remboursement ?

La question ainsi posée ne semble faire aucune difficulté. il faudrait, semble-t-il, pour se conformer à l'équité, permettre toujours à l'agent de conserver les titres jusqu'au paiement total. La propriété de ces valeurs a bien été transmise au client par le seul fait de la remise d'agent à agent,

mais l'agent acheteur, qui a reçu ces effets, qui peut être actionné par son confrère, comme responsable personnellement de l'opération, a vis-à-vis de son client un droit de rétention sur ces valeurs tant qu'il n'en a pas reçu le prix. Pourtant, dans certaines circonstances, cette solution qui paraît de prime abord aussi simple est parfois très délicate. Un acheteur au comptant a chargé son agent de change de lui acquérir un certain nombre de valeurs de Bourse ; l'ordre est exécuté sans versement de prix et avant que les valeurs ne soient remises au client acheteur, ce dernier vient à tomber en faillite. Le syndic réclame les valeurs achetées comme faisant partie de l'actif du failli, réclamation d'ailleurs très juste, mais il ne veut regarder l'agent de change que comme un simple créancier et ne l'admettre au passif que pour une partie proportionnelle de sa créance. La Cour de Metz décida, dans un arrêt du 23 juin 1857 (S. 58. 2.328) qu' « attendu que les agents de change, en
» vertu des règles qui régissent leur profession, ne sont que
» les intermédiaires des parties ; qu'ils reçoivent de l'ache-
» teur les fonds qu'ils doivent remettre au vendeur contre
» la délivrance des titres vendus, que par suite ils ne peu-
» vent être contraints de se dessaisir au profit de l'acheteur
» des titres achetés, que lorsque celui-ci leur remet le prix
» d'acquisition ». L'arrêt ajoutait que l'agent pouvait à bon droit être assimilé à un créancier muni d'un gage et invoquer les articles 546 et 547 du Code de commerce, dans le cas de faillite ; ils n'étaient inscrits par le syndic dans la masse que pour mémoire et le syndic, avec l'autorisation du juge commissaire, pourra retirer les gages en remboursant la dette. La même solution avait été admise dans un arrêt rendu par la Cour de Paris le 14 janvier 1848 (S. 49. 2. 267). Il s'agissait de valeurs nominatives, et le transfert avait été

opéré au nom d'un client acheteur sur les registres de la compagnie. Le prix n'avait pas été versé par l'agent de change acheteur et les valeurs n'avaient pas été livrées par l'agent vendeur. Les représentants de l'agent acheteur venaient dire que le transfert constitue une preuve de propriété au profit du titulaire et, en s'appuyant sur ce principe constant en jurisprudence, demandaient la remise des actions. L'agent vendeur considérait les valeurs dont il avait gardé possession comme un gage et ne voulait s'en défaire que contre remboursement. La Cour de Paris a décidé qu'entre les agents de change, le transfert sur les registres de la compagnie n'était que le préliminaire indispensable pour la transmission de la propriété, mais que celle-ci n'était définitivement acquise que par la remise des titres contre remboursement.

Mais c'est à tort que l'on s'appuie sur la théorie du gage commercial (1) pour établir ce droit de rétention, et que l'on considère l'agent de change comme un créancier gagiste. Les formalités de la constitution du gage et la preuve de cette constitution ont bien pu être modifiées par la loi du 23 mai 1863, il n'en reste pas moins vrai que le gage en matière commerciale, comme en matière civile, « est un contrat par lequel le débiteur remet une chose mobilière à son créancier pour sûreté de sa dette ». Cette définition de l'article 2071 du Code civil indique bien qu'il y a contrat, c'est-à-dire convention, accord entre les parties et que la remise de l'objet en gage doit être volontairement faite dans le but de faire naître une sûreté (2). On a donc dit, avec raison, que l'agent n'est pas créancier gagiste, mais simple dépositaire, il détient les valeurs et l'argent, mais il n'a pas

---

(1) Buchère, n° 420.
(2) Boistel, n° 486 et suiv.

le droit d'invoquer l'article 93 du Code de commerce pour en disposer. (Req. 8 novembre 1834, S. 54. 1. 573). Mais son droit résulte de l'article 1144 du Code civil : l'agent est personnellement responsable du marché, il s'est engagé vis-à-vis des tiers sur la foi de sont client, sans jamais lui promettre de faire l'avance de l'argent ou des titres, comme créancier de son client, il peut donc exécuter lui-même l'obligation aux dépens de son débiteur.

Depuis le décret du 7 octobre 1890, cette question ne présente plus tant d'intérêt. L'article 59 de ce décret prévoit le le cas où le donneur d'ordre n'aurait pas versé les fonds destinés à acquitter le montant de la négociation, ou n'aurait pas remis les valeurs, et permet à l'agent de réaliser lui-même l'opération. Comme il est responsable vis-à-vis de son confrère, il avertit son client par lettre recommandée, et, si dans le délai de trois jours le client n'a pas donné satisfaction, l'agent, aux risques et périls du donneur d'ordre, achète lui-même les titres équivalents à ceux qu'il doit recevoir ou vend ceux qu'il a achetés pour acquérir les fonds nécessaires à couvrir la négociation. Le client est débiteur des différences.

AGENTS DE CHANGE ENTRE EUX. — Entre les deux agents de change, la question présente moins de difficulté. Nous avons vu la sanction qui frappe les agents de change, lorsqu'ils n'exécutent pas leurs marchés et le recours que leurs confrères ont devant la chambre syndicale. On a même été jusqu'à dire (Paris, 14 janvier 1848. S. 49. 2. 267) que ce recours n'appartenait qu'aux agents de change entre eux, et qu'en matière de négociation d'effets publics, comme le contrat ne se forme qu'entre les agents de change, eux seuls pouvaient exiger l'un envers l'autre l'exécution de ce contrat, Ils ne pouvaient, d'après cette théorie, avoir de recours contre les clients de leurs confrères. Cette décision a un caractère trop absolu. Il est vrai qu'en matière d'opérations de Bourse, les noms des clients restent ignorés des agents de la contre-partie. L'agent acheteur ne connaît pas le nom du client vendeur et ne peut, par conséquent, exercer d'action contre ce dernier, mais lorsque ce nom est connu, rien ne s'oppose à ce qu'ils agissent directement contre ces clients, aucun texte juridique ne vient à l'encontre de cette solution (1).

MANDATAIRE. — Nous avons supposé jusqu'à présent que l'opération s'effectuait avec le seul concours de quatre personnages : deux clients l'un acheteur, l'autre vendeur ; deux agents de change représentant chacun des clients. Nous avons vu l'action que pouvait exercer le client contre son agent et réciproquement le recours de l'agent contre son client, et enfin la situation des deux agents vis-à-vis l'un de l'autre. Or, l'opération peut encore se compliquer, si l'on suppose l'intervention d'un intermédiaire, qui met en rapport le client et l'agent (2). Bien souvent, en effet, les clients, surtout dans les petites villes de province, ne communiquent avec l'agent que par le notaire ou le banquier ou tout autre mandataire ; les mêmes principes de la transmission de propriété sont toujours applicables : l'opération est complète et le marché au comptant terminé par la remise des titres. Mais quelle est la situation de l'agent vis-à-vis du mandataire et vis-à-vis du véritable client ? Lorsqu'une opération de Bourse a été ordonnée, puis exécutée, à qui l'agent doit-il en rendre compte ? Peut-il

(1) Mollot, t. I, n° 254. — Buchère, n° 427.
(2) Buchère, n° 429.

refuser de rembourser directement le client et ne remettre les valeurs achetées ou les sommes reçues pour la vente qu'au banquier, qu'au notaire, en soutenant qu'il n'a jamais eu affaire qn'avec eux ? L'intérêt de la question apparaît surtout lorsqu'on songe que l'agent de change est peut-être en compte avec ce mandataire et qu'il désire avant tout se couvrir aux risques mêmes des intérêts du véritable client.

Les principes que l'on doit appliquer pour résoudre ces questions sont les principes généraux applicables à tout mandant et à tout mandataire. Le mandant est le client qui transmet l'ordre au premier mandataire qui en l'espèce se trouve être un banquier, et ce banquier ne fait que transmettre son mandat à l'agent de change. L'agent est donc un mandataire substitué. L'article 1994 du Code civil en parlant du mandat en général répond ainsi à la question : « Dans tous les cas le mandant peut agir directement contre la personne que le mandataire s'est substituée ». L'acheteur ou le vendeur au comptant peut donc réclamer directement de l'agent de change les titres dont il est devenu propriétaire par le seul effet de l'opération. L'agent ne peut invoquer à titre de réclamations les créances qu'il peut avoir sur le premier mandataire, il ne peut objecter les compensations des sommes reçues par suite du mandat avec celles que peut lui devoir le mandataire. La faillite ou la disparition de ces mandataires, après la réalisation de l'opération, peuvent mettre l'agent dans l'impossibilité de toucher le prix des titres achetés ; la responsabilité personnelle de l'agent de change est engagée et les acheteurs sont autorisés à revendiquer les titres inscrits en leur nom lorsqu'ils justifient en avoir versé le prix au mandataire. L'agent est déclaré responsable vis-à-vis des vendeurs. (Paris, 14 décembre 1866. — Gaz. des Trib., 7 février 1867.

— Orléans, 9 juin 1870. S. 71. 2. 87. — Rouen, 10 juin 1872. S. 73. 1. 119).

Mais s'il faut résoudre ainsi la question de droit, en pratique la jurisprudence fait intervenir la *question de fait :* si rien n'indique à l'agent ce double mandat, s'il exécute l'ordre de Bourse transmis par le notaire ou le banquier sans pouvoir se douter que celui qui fait parvenir cet ordre n'est lui-même qu'un mandataire, si les évènements, au contraire, le portent à croire qu'il n'opère que pour ce banquier, il peut être autorisé à ne régler l'opération qu'avec le banquier ou le notaire qui est regardé comme son seul mandant. C'est une question qui dépend surtout des circonstances dans lesquelles se présente le mandat.

Cette situation peut très bien se présenter pour les négociations de titres au porteur, l'agent peut croire que le mandataire agit pour lui-même. Mais son erreur serait impardonnable et engagerait sa responsabilité personnelle, s'il avait eu la possibilité de découvrir, dans la correspondance échangée, ou par les faits, le véritable rôle de son correspondant. Ses réclamations seraient inadmissibles si l'opération avait porté sur des titres nominatifs, il résulte même de la nature de ces titres que l'agent a dû connaître le véritable nom du client. En toute connaissance de cause, s'il a exécuté l'opération sans exiger la couverture nécessaire de son correspondant, il a engagé sa responsabilité personnelle. (Cass. 29 avril 1859. S. 59. 1. 298. D. 59. 1. 263. — Paris, 14 décembre 1866 précité. — Cass. 16 novembre 1869. D. 70. 1. 20. — Orléans, 9 juin 1870. S. 71. 2. 87. — Rouen, 13 avril 1870. S. 71. 2. 17 et Rouen, 10 juin 1872 précité. — Cass., 23 février 1874. D. 74. 1. 389. — Cass., 2 mars 1875. S. 75. 1. 302. — Angers, 8 août 1883. Journal Valeurs Mobilières, 1883, p. 458. — Paris, 7 novembre 1885. Journal Valeurs Mobilières, 1886, p. 394).

DEUXIÈME PARTIE

MARCHÉS A TERME

SECTION 1re

Validité des Marchés à terme

MARCHÉS A TERME

CHAPITRE PRÉLIMINAIRE

Définition des marchés à terme.
Leur nombre — Leur utilité.
Leur validité au point de vue général.

Les marchés à terme offrent plus de complications que les marchés au comptant. Le donneur d'ordre vend ou achète des valeurs de Bourse, mais en stipulant formellement un délai pour la livraison (1), ou pour le paiement : il espère que pendant ce délai les titres qui font l'objet de son opération subiront un mouvement de hausse ou de baisse et qu'il profitera de cette variation de cours. C'est l'espérance de ce gain qui attirera le plus souvent le spéculateur ; dans un marché au comptant, le capitaliste voudra le plus souvent ne faire qu'un placement d'argent, s'il veut augmenter son capital, il devra attendre patiemment que la

(1) Lyon-Caen et Renault, t. 1, n° 1507, t. IV, n° 937.

valeur acquise ait augmenté de prix pour s'en défaire au moment de la hausse et réaliser ainsi un bénéfice : il achète puis il revend, les deux opérations sont absolument distinctes et quelquefois séparées par un laps de temps assez considérable. Au contraire, l'acheteur ou le vendeur à terme ne fait qu'une seule opération, il achète mais il ne livre qu'à terme, ou il vend et fixe un délai pour le paiement, et il peut ainsi, dans ce seul marché, courir les risques de gain ou de perte dans le délai d'ordinaire assez court qui sépare la négociation de la livraison ou du paiement. Alors que l'opération au comptant devrait constituer la véritable opération de Bourse, que l'opération à terme ne devrait être que l'exception, nous avons vu, au contraire, dans le chapitre précédent, l'énorme différence qui existe entre les chiffres de ces marchés. « L'auteur d'une petite brochure publiée en 1821 (1) estimait qu'à cette époque, les marchés à terme surpassaient de cinquante fois au moins les marchés au comptant ». Cette différence, qui n'a fait qu'accroître depuis lors, n'a rien d'étonnant lorsqu'on songe qu'en une seule journée, on spécule en Bourse de Paris sur plusieurs millions de rente à terme, tandis que l'achat ou la vente au comptant de 300,000 francs de rente est une opération exceptionnelle (2). Mais il faut répéter ce que nous disions plus haut, que ces opérations à terme ne se font guère d'une façon active que dans quatre ou cinq Bourses ayant un parquet, à Bordeaux, à Marseille, à Toulouse, à Lyon, et leur nombre n'est pas comparable au chiffre de marchés à terme faits à Paris (3).

(1) « Précis des différentes manières de spéculer sur les fonds publics en usage à la Bourse de Paris ». — Bozérian, t. 1, n° 60.
(2) Buchère, n° 395.
(3) Bozérian, t. 1, n° 61 et note.

Ces marchés à terme, surtout lorsqu'ils sont fictifs, ont soulevé depuis longtemps de nombreuses critiques, et, malgré la vogue dont ils ont toujours joui auprès des spéculateurs, peut-être même à cause de cette vogue et des abus qu'elle a provoqués, ils ont été attaqués par un grand nombre d'auteurs. Boistel disait (1) « qu'au point de vue
» moral, les marchés fictifs ont pour but un gain sans
» travail par le pur effet du hasard, ce qui est certainement
» illégitime — les fortunes scandaleuses qui se font par
» ces jeux amènent nécessairement des dépenses égale-
» ment scandaleuses, un luxe effréné et tous les désordres,
» elles soulèvent la conscience publique et donnent un
» un aliment aux colères des prolétaires. »

Il faut reconnaître cependant que le marché à terme sérieux peut jouer un très grand rôle au point de vue de l'utilité publique. Il peut arriver que celui qui désire vendre un effet dont il est véritablement propriétaire, ne veuille pas le livrer de suite. Une impossibilité matérielle peut l'en empêcher, le titre peut être indisponible : peut se trouver dans un endroit éloigné. Si l'occasion est favorable, si le titre est actuellement en hausse, son possesseur voudra profiter du cours actuel, il le vendra, en s'engageant à le livrer dans un délai déterminé : il aura vendu à terme. De même, un acheteur qui n'a pas de fonds à sa disposition, désirant, malgré tout, profiter d'une occasion qui lui semble favorable, s'il est assuré d'avoir à une certaine époque la somme nécessaire pour couvrir son opération, pourra, grâce au marché à terme, acheter immédiatement des valeurs et ne livrer les fonds qu'après un certain délai fixé le jour même de la négociation. Ces deux opérations n'auraient pu être exécutées sans marché à terme.

(1) Boistel, 1884, n° 645.

— 52 —

Il y a même des cas où l'opération à terme est absolument indispensable au crédit public. Lorsqu'un Etat, lorsqu'une Ville, où même une Société de commerce emprunte de nos jours, ils ne peuvent, la plupart du temps s'adresser directement aux particuliers ; s'ils prenaient cette voie, les emprunteurs ne seraient pas en mesure de réaliser les fonds nécessaires dans un délai assez rapproché. Le plus souvent, ceux qui font ainsi appel au crédit public, ont recours à des intermédiaires tels que banquiers ou gros capitalistes qui canaliseront les sommes empruntées. Or, ces intermédiaires doivent forcément se servir des négociations à terme afin de laisser aux capitaux le temps de se déplacer et de s'accumuler ; sans la possibilité de ces négociations à terme, l'emprunt serait souvent impossible. Il est vrai que l'intermédiaire ne peut que gagner, il achète en bloc une grande quantité de titres, sinon la totalité, à un prix inférieur au cours normal et les revend en détail avec une hausse assurée, mais peut-on lui reprocher de profiter de cette augmentation de valeur ? Et ne ressemble-t-il pas à un commerçant en gros revendant en détail les marchandises qu'il a accumulées ? L'emprunteur lui-même participe parfois au bénéfice réalisé par l'intermédiaire qu'il a choisi ; c'est ainsi que, lors de l'emprunt de 1852, qui devait s'élever à 50 millions, la Ville de Paris qui le contractait reçut, outre la somme prêtée, douze millions pour sa part dans la hausse de l'emprunt ; et les intérêts de sa dette furent réduits d'autant (1).

Certains auteurs (2) veulent encore voir l'utilité des marchés à terme et même de la spéculation qui se produit sous la forme de ces marchés, dans le roulement de capi-

(1) Mollot. Introd. p. XVIII
(2) Courtois, p. 173. — Coffinières, Paris, 1825, p. 460.

taux que nécessite cette spéculation, Courtois, dans son traité des *Opérations de Bourse de Commerce*, parle de « l'immensité de la richesse mobilière produite partout où
» il y a ces marchés de crédit et de capitaux que l'on ap-
» pelle Bourse de Commerce, des développements que cette
» richesse y prend chaque année et des progrès énormes
» qu'elle a accomplis depuis quelque cinquante ans. » Ce dernier résultat a été critiqué par la doctrine, et Boistel (1) en particulier, dit qu' « en allant au fond des choses, il faut
» remarquer que la circulation des capitaux n'a pas d'utilité
» par elle-même, pas plus que le mouvement n'est du
» travail par lui-même : elle n'est utile que pour rapprocher
» les instruments de production de ceux qui peuvent les
» employer. Dès lors, pourquoi créer une longue chaîne
» d'intermédiaires là où un seul suffirait ? Est-il utile,
» d'ailleurs, de créer une agitation factice pour faire monter
» les valeurs arbitrairement, d'exagérer ainsi toutes les
» oscillations des cours ou d'en créer sans cause ? » Cependant, Boistel doit lui-même reconnaître, que si les joueurs n'apportent en réalité par eux-mêmes que peu de capitaux sur le marché, et ne produisent en réalité qu'un mouvement fictif, ils décident les reporteurs, c'est-à-dire ceux qui consentent à réaliser pour eux les opérations, à en apporter. Sans les spéculateurs, « les capitalistes qui placent
» des sommes considérables en reports n'achèteraient pas
» eux-mêmes des titres sur le marché pour toutes ces
» sommes, parce qu'ils ne seraient jamais sûrs de pou-
» voir réaliser au moment où ils veulent ; ils s'exposeraient
» aux chances de baisse, et risqueraient même de produire
» cette baisse à leur détriment au moment où ils vendraient
» un lot considérable de titres pour réaliser leur argent. Au

(1) Boistel « Précis de Droit Commercial », p. 442.

» contraire, ils avancent volontiers sous forme de report,
» parceque leur argent doit leur rentrer à époque fixe, sans
» qu'ils aient à s'occuper de revendre leurs titres. » Tout en
reconnaissant cette utilité, l'auteur se demande, malgré
tout, si la présence de ces capitaux ne serait pas plus utile
dans l'agriculture, dans le commerce ou dans l'industrie.

Malgré ces critiques, il faut reconnaître l'utilité des marchés à terme et le rôle qu'ils peuvent jouer dans l'économie politique. Malheureusement, les abus des spéculateurs furent si nombreux qu'ils jetèrent le discrédit sur ces opérations, et, sans même faire de distinction entre les marchés à terme sérieux et les marchés à terme fictifs, on s'est demandé si ces opérations étaient licites.

A cette question générale de la validité du marché à terme, Boistel répond, au sujet des marchés à terme de marchandises (1), que bien que l'on ait contesté autrefois la validité des ventes à terme, elles sont pourtant parfaitement valables : « Sans doute, ce sont ordinairement des
» ventes de la chose d'autrui, ou de choses qui n'existent
» pas encore ; mais rien ne prohibe la vente de choses
» futures ; et, d'autre part, la vente de la chose d'autrui est
» valable, même en droit, quand elle porte sur un genre,
» ce qui est le cas ici. » — La réponse est identiquement la même pour les marchés à terme portant sur des valeurs de Bourse : l'opérateur vend bien des choses qui ne sont pas actuellement à sa possession, mais qu'il pourra acquérir dans un temps plus ou moins éloigné. L'article 1599 n'est en aucune façon en opposition avec ces principes. Troplong consacre cette opinion (2) et dit, qu'en « principe, le mar-

---

(1) Boistel, n° 462.
(2) Troplong. « Contrats aléatoires », n° 101 et suiv. — Lyon-Caen et Renault, t. IV, n° 976. Voir contra « Coffinières », III, n° 105, en note de Lyon-Caen précité.

ché à terme est un contrat tout à fait licite lorsqu'il est sérieusement fait ». La liberté du commerce autorise à vendre ou à acheter, pour un temps plus ou moins reculé, les titres de rente comme toutes les autres choses ayant une valeur vénale. Mollot, dans son *Traité des Bourses du Commerce* (1), dit que la « légalité de ces marchés est fondée
» sur la disposition de Droit commun d'après laquelle
» chacun est libre de s'obliger à terme de vendre ou
» d'acheter, en remettant l'exécution du contrat à un temps
» plus ou moins reculé (art. 1130 C. civ.). La liberté du
» commerce, et il s'agit ici d'une matière toute commer-
» ciale, demande essentiellement qu'on laisse aux vendeurs
» et aux acheteurs des limites suffisantes dans lesquelles
» ils puissent trouver les facilités d'exécution et les chances
» de bénéfices nécessaires au développement de toutes les
» transactions commerciales. »

Mais, si les marchés à terme peuvent être considérés comme des opérations valables au point de vue juridique lorsqu'ils sont sérieux, il n'en est plus de même lorsque le contrat, qui naît entre les parties, est absolument fictif et n'est en réalité qu'un pari sur la hausse ou la baisse des valeurs de bourse. Les opérations de Bourse sont alors de véritables jeux de Bourse, et on doit leur appliquer la théorie ordinaire du jeu et du pari. Cette théorie est ainsi résumée par Thaller (2) : « 1° La loi n'accorde aucune action pour une
» dette de jeu ou pour le paiement d'un pari (art. 1965, C.
» civ.). Le gagnant ne peut contraindre le perdant à s'exé-
» cuter. Le perdant a le droit de manquer de parole. Le
» gain de jeu n'a pas son fondement dans le travail ; la loi
» n'a pas à le sanctionner. 2° Mais, dans aucun cas, le perdant

(1) Mollot. « Bourses de commerce », n° 146.
(2) Thaller « Précis de Droit commercial », n° 790 et suiv.

» ne peut répéter ce qu'il a volontairement payé (art. 1967).
» Sitôt qu'il a réglé sa dette en connaissance de cause, le
» paiement qu'il a fait est irrévocable ». Cette sanction si
sévère, ce refus d'action pour le gagnant, et ce rejet de
l'action en répétition, lorsqu'il a payé en connaissance de
cause, a été établie par le législateur dans le but de mettre
un terme aux jeux et aux paris qui jetaient la perturbation
dans les fortunes. Or, les économistes se sont souvent
efforcés de montrer l'analogie qui existe d'habitude entre
les véritables jeux et les opérations de Bourse. Ils ont été
frappés du résultat déplorable de certaines opérations :
certains spéculateurs malheureux y ont vu sombrer leur
fortune par suite de l'écart des cours, de l'effet du sort, et
parfois même des manœuvres scandaleuses de leurs adversaires. Sans même reconnaître les grands avantages que
ces marchés à terme, surtout lorsqu'ils sont sérieux, peuvent
procurer à l'industrie et au commerce, ils ont voulu parfois
généraliser cette pensée que le marché à terme cache
toujours, sous ses formalités, un but de pari sur la hausse et
sur la baisse des cours. Le législateur, se laissant alors
influencer par ces théories, soucieux de la conservation des
patrimoines et peu tenté de reconnaître les fortunes qui
n'étaient que le résultat du hasard, eut parfois une tendance
à appliquer à tous les marchés à terme les règles du jeu.
Puis, revenant en arrière, devant reconnaître que certaines
opérations à terme étaient parfaitement sérieuses, et qu'il
était impossible, sans porter le plus grand préjudice aux
intérêts du commerce, de prononcer l'illégalité de toutes les
opérations de bourse à terme; le législateur fut forcé de
prononcer leur légalité, où tout au moins de leur donner
une valeur légale lorsqu'elles étaient contractées sérieusement. A une époque ou l'on regardait ces opérations de

— 57 —

bourse avec la plus grande méfiance, Bozérian écrivait lui-même (1) : « d'après les explications que j'ai données dans
» la première partie, chapitre VI, section 2, et suivantes, le
» lecteur doit pressentir que je suis assez disposé à ne voir
» dans la plupart de ces marchés que des jeux de Bourse.
» Toutefois je conviens qu'il ne serait pas impossible, mais
» seulement par une très rare exception, de rencontrer des
» opérations sérieuses engagées sous la forme de marchés
» à terme ». S'il était donc permis de condamner les marchés fictifs, on devait forcément reconnaître la valeur des marchés sérieux, leur forme, le terme qui frappait l'obligation ; le fait de la vente d'une chose future, ne pouvait constituer une illégalité.

Mais la difficulté apparaissait surtout lorsqu'il s'agissait de distinguer le marché sérieux du marché fictif. Aucun critérium ne pouvait exister pour établir cette distinction et Bozérian disait (2) que « ce qui rend la distinction difficile,
« c'est qu'on ne devrait apprécier la nature du contrat que
» par l'intention des parties contractantes ». Le caractère du marché résulte, en effet, de la volonté des parties, si, au début, à l'origine du contrat, les deux contractants ont bien voulu faire un marché, une livraison de valeurs et un paiement, alors même, que par suite de certaines circonstances, ce contrat ne se réalise dans la suite que par un paiement de différence, on ne peut au point de de vue juridique discuter sa valeur, il y a un véritable contrat faisant naître une obligation. Si, au contraire, les deux parties, dès l'origine, n'ont eu l'intention de n'exécuter leur marché que par le paiement de différences, cette convention n'est qu'un pari sur la hausse et sur la baisse des cours et

(1) Bozérian, t. I, n° 254.
(2) Bozérian, t. I, n° 254.

doit tomber sous le coup des articles 1965 et suivants.

Malheureusement puisque tout dépend de l'intention des parties, comment le législateur pouvait-il scruter cette intention ? Ne pouvant découvrir de règle bien formelle à ce sujet, la jurisprudence française (1) a en réalité parcouru plusieurs phases, admettant ou condamnant tour à tour les marchés à terme d'une façon générale ou confiant à ses tribunaux le droit de découvrir l'intention des parties. Un des meilleurs moyens de résumer cette jurisprudence est de diviser l'étude de la légalité des marchés à terme en trois périodes : la législation antérieure à 1885, la législation de 1885 et sa jurisprudence, et la jurisprudence actuelle depuis 1885 jusqu'à nos jours.

(1) Thaller, n° 794.

CHAPITRE Ier

Législation
Jurisprudence antérieure à 1885

Un des premiers documents que nous rencontrons parmi les lois et décrets, rendus au sujet des spéculations de Bourse, est l'édit du 24 septembre 1724 (1). C'est à cette date que remontent d'ailleurs les premiers exploits des agioteurs en France et aussi leurs premiers revers. La dette publique en 1715 était déjà pour la France de trois milliards, dont 700 millions étaient immédiatement exigibles. Le revenu brut des recettes était de 165 millions, mais le revenu net n'atteignait que 69 millions et les dépenses s'élevaient à 147, il en résultait un déficit annuel de 78 millions. Les uns, comme le duc de Saint-Simon, proposaient la banqueroute générale. Le président du Conseil des finances, le duc de Noailles, s'efforçait de réaliser certaines économies : supprimant les offices inutiles, annulant les lettres de noblesse, ordonnant la refonte des monnaies, réprimant les délits

---

(1) « Code Rivière, Lois Usuelles », p. 3. D. Rép. V° « Bourses de commerce », p. 401 n° 14, Bozérian, t. 1, n° 255 et suiv.

commis par les traitants. Les spéculateurs profitaient de ce moment pour multiplier leurs opérations et leurs bénéfices. Le gouvernement fit tous ses efforts pour réprimer ces abus et au mois de mars 1716, il lança un édit pour établir une Chambre de justice « pour la recherche des abus commis dans les finances » après avoir dénoncé « les officiers comptables, qui se rendent trop souvent coupables d'exactions ». Cet édit signale « une espèce de gens aupara-
» vant inconnus qui ont exercé des usures énormes en
» faisant un commerce continuel des assignations, billets
» et rescriptions des trésoriers, receveurs et fermiers géné-
» raux ». Jamais l'exécution des lois n'a été plus nécessaire que dans un temps où les crimes ont été portés au dernier excès (1).

Toutes ces mesures ne purent malheureusement pas remédier à la détresse financière : ce fut alors que le financier Law proposa son système. Partant de ce principe « que la richesse d'un pays dépend de son numéraire », Law tirait cette fausse conclusion qu'on peut augmenter indéfiniment cette richesse en substituant aux valeurs métalliques, forcément restreintes, le papier-monnaie, dont la multiplication peu coûteuse n'est jamais limitée. Pour réaliser ce projet, il fallait donc établir une banque qui attirerait les capitaux, créerait le crédit et une grande compagnie qui ferait, par son négoce, fructifier l'argent. Il est intéressant d'étudier, en quelques mots, comment se réalisèrent ces projets : c'est le meilleur moyen de découvrir comment naît la spéculation, les excellents résultats qu'elle peut produire au début ; et de voir comment, après une vogue inespérée, des valeurs que l'on jugeait au commencement

---

(1) « Anciennes lois franç., » t. 21, p. 80. — Frémery p. 9 en note. — V. Bozérian, t. 1, n° 256 et suiv.

très sérieuses, sont bientôt déconsidérées ; comment à la suite de vaines terreurs du public, le marché s'effondre et amène une ruine générale.

L'histoire du système de Law est un des exemples les plus frappants de cet excès de spéculation. Tout d'abord, le Gouvernement incertain, craignant de se lancer dans de fausses spéculations, se contenta d'autoriser cette banque privée de Law sous le titre de « Banque d'Escompte et de Circulation ». La régularité des premières opérations, la prudence de son administrateur inspirèrent confiance ; on escompta aux commerçants des effets à 6 et à 4 %, alors que les usuriers se contentaient à peine de 20 % et, à titre d'encouragement, Law obtint la possibilité d'émettre, en proportion de son capital, des billets « payables à vue » et remboursables en espèces d'or et d'argent. Ce papier monnaie, qui faisait ainsi son apparition, eut bientôt cours légal ; et par un arrêt du Conseil, le Régent fit déclarer que tous les comptables de l'État devaient recevoir les billets que pouvait émettre la banque de Law, et en payer le montant en métal lorsqu'ils seraient requis. Le système de Law était alors à son apogée. Il voulut alors augmenter ses opérations et fonder une plus grande Compagnie : la Compagnie des Indes Occidentales, pour exploiter la Louisiane et les rives du Mississipi. Le capital était de 100 millions et les actions devaient se souscrire un quart en argent et les trois quarts en titres de rente sur l'Etat ; c'est ainsi que Law s'efforça de rétablir les finances publiques et de rendre crédit à ces titres tant disqualifiés à cette époque. L'émission fut couverte et la banque de Law érigée en Banque Nationale. Law ne connaissant plus de borne à son avidité commerciale, unit à sa compagnie des Indes occidentales toutes les autres compagnies créées précédemment sous

Colbert, les compagnies du Levant, du Sénégal, des Indes Orientales ; il en forma une compagnie générale sous le vocable : « Compagnie des Indes », et de plus y joignit les monopoles du tabac et de la gabelle. Afin de se procurer des fonds nécessaires à l'achat et à l'exploitation de ces monopoles, il émit pour cinquante millions de nouvelles actions. Cette émission fut couverte : il y eut un tel aveuglement dans la confiance illimitée des prêteurs : qu'ils achetaient mille livres ce qui n'était remboursable qu'à cinq cents ; et il fallait même justifier de l'acquisition de quatre actions à l'ancienne compagnie pour en acquérir une à la nouvelle.

Law offrit alors de se charger de la dette de l'Etat, et en 1720 (1er janvier), il fut nommé contrôleur général des finances. De nouvelles émissions devinrent nécessaires, le public les couvrit, la hausse se fit de plus en plus sentir sur sur les papiers de la Compagnie. On vit surgir des fortunes considérables, réalisées en quelques jours, et les chroniques du temps nous donnent de nombreux exemples d'ouvriers, de petits commerçants devenus millionnaires. La rue Quincampoix devient, à cette époque, légendaire, on « s'écrase devant les bureaux de l'établissement. »

Or, un beau jour, on apprit qu'il n'y avait aucune mine d'or sur les rives du Mississipi, que les exploitations de la Louisiane avaient complètement échoué, que les bénéfices promis ne pourraient jamais être réalisés. La confiance des acheteurs et des possesseurs de titres fit place à une terreur soudaine qui devait engendrer la panique. Tous les porteurs de titres voulurent se faire rembourser et cette précipitation ne fit qu'accentuer la baisse. En vain, on prit les mesures les plus sévères, parfois même les plus injustes, pour enrayer cette déroute, on menaça les « réaliseurs », on altéra les monnaies, on défendit de faire des paiements en argent :

tout fut inutile, le Régent lui-même déclara que le Gouvernement ne recevait plus de paiements qu'en argent et espèces monnayées et Law dut s'enfuir pour éviter la fureur du peuple.

Ce système avait déplacé certaines grandes fortunes et enrichi d'une façon exagérée d'audacieux spéculateurs, mais il avait montré la force du crédit, en même temps que ses dangers. Il avait aussi donné une vive impulsion à notre commerce maritime et à notre industrie.

Mais, après une aussi déplorable expérience, il fallut prendre des mesures sévères pour éviter de nouvelles catastrophes. Après cette excitation passagère, il y eut une période de calme : une prudence exagérée succéda dans l'esprit des capitalistes à cette fièvre de spéculations hasardées. « En 1724, dit Troplong (Contrats aléatoires, n° 103),
» les temps étant redevenus plus calmes, les idées plus
» rassises, le Conseil du Roi sentit la nécessité d'organiser
» la négociation des effets de commerce et des effets publics
» sur des bases propres à prévenir le retour de ces déplo-
» rables abus. De là son arrêt du 24 septembre 1724, qui
» établit la Bourse comme lieu sacré pour cette négociation
» et institua la compagnie des Agents de Change avec le
» privilège exclusif de présider à la vente des Effets Publics. »

Il fallait, de plus, détruire les « ventes simulées » qui avaient jeté le trouble et la désorganisation dans le marché. Pour arriver à cette abolition, un des moyens les plus absolus était la suppression complète des « marchés à terme ». C'est à ce moyen que le législateur s'arrêta. S'il ne put d'une façon absolue interdire cette sorte de marché, il fit son possible, en l'entourant de règles sévères et de modalités à le rendre impraticable.

— 64 —

C'est ainsi de l'article 17 de l'arrêt du Conseil de 1724 (1) disait : « Sa Majesté permet à tous les marchands, négo-
» ciants, banquiers et autres, qui seront admis à la Bourse,
» de négocier entre eux les lettres de change et billets au
» porteur ou à ordre, ainsi que les marchandises sans
» l'entremise des agents de change et, *à l'égard de tous les*
» *autres effets* et papiers commerçables, pour en détruire les
» ventes simulées qui ont causé jusqu'à présent le dis-
» crédit, ils ne pourront être négociés que par l'entremise
» des agents de change, de la manière et ainsi qu'il sera
» ci-après expliqué, à peine de prison contre ceux qui en
» feront le commerce et de six mille livres d'amende
» payables par corps, dont la moitié appartiendra au
» dénonciateur et l'autre à l'hôpital général, laquelle ne
» pourra être remise ni modérée. »

L'article 29 ajoutait : « A l'égard des négociations de
» papiers commerçables et autres effets, elles seront tou-
» jours faites par le ministère de deux agents de change à
» l'effet de quoi, les particuliers qui voudraient acheter ou
» vendre des papiers commerçables et autres effets, *remet-*
» *tront l'argent ou les effets de change*, avant l'heure de la
» Bourse sur leurs reconnaissances portant promesse de
» leur rendre compte dans le jour, et ne pourront néan-
» moins, les dits agents de change, porter ni recevoir
» aucuns effets, ni argent à la Bourse autrement qu'en la
» forme ci-après marquée ; le tout à peine contre les agents
» de change qui contreviendront au présent article, de
» destitution et de trois mille francs payables par corps, la
» moitié au dénonciateur, le reste à l'hospice général. »

En résumé, le mécanisme conçu par le législateur, rési-

(1) Dalloz « Répertoire », v° p. 401, n° 14 et note. — Frémery, p. 10 et suiv.
— Lyon-Caen, t. IV, n° 975.

dait dans la nécessité qu'il imposait aux parties de se servir du ministère de deux agents de change (art. 29), qui, aux termes de l'article 36, étaient tenus au secret professionnel, de façon que les contractants restaient étrangers et inconnus l'un à l'autre. De plus, les agents ne pouvaient acheter, ni vendre sans être munis de la totalité des effets ou des sommes qui devaient servir à la négociation.

Pour opérer une négociation importante, seule capable de rapporter un bénéfice assez considérable ou de faire influence sur les cours de Bourse, il faudrait avoir en sa possession et disponibles des capitaux très importants. Devant aussi effectuer ses opérations par l'intermédiaire des agents de change, le spéculateur ne pouvait plus faire, par des prête-noms, des opérations simulées, en achetant et vendant à lui-même, pour créer des cours factices et imprimer un mouvement de hausse ou de baisse. L'agent vendeur doit, en effet, s'adresser à un confrère qui lui laisse ignorer pour qui il opère : il pourrait donc arriver que la vente en fut faite à un autre acquéreur que l'agent du spéculateur et que celui-ci vendit en pure perte, s'il vendait pour produire la baisse.

Malheureusement cet arrêt fut mal observé. Il pouvait, s'il avait été appliqué d'une façon rigoureuse, élever une barrière infranchissable à la spéculation à la baisse, et rendait très difficiles, sinon impossibles, les manœuvres secondaires et frauduleuses constituant l'agiotage, seule la spéculation à la hausse était encore possible, car elle peut se réaliser par des marchés au comptant.

Mais il faut se rappeler que les édits et ordonnances, sous l'ancienne monarchie, n'avaient pour effet que de conférer aux pouvoirs judiciaires la possibilité d'appliquer ces mesures quand elles lui paraissaient équitables. Il était passé en jurisprudence que toute disposition pénale était « comminatoire », c'est-à-dire n'existait qu'à l'état de menace, que le juge pouvait la modérer et même ne pas la prononcer. Nous retrouvons une trace de cette jurisprudence ancienne dans l'article 1209 du Code de procédure civile, qui dit « qu'aucune des nullités, amendes et déchéances, prononcée dans le présent Code, n'est comminatoire ». Si la loi aujourd'hui doit être nécessairement et rigoureusement appliquée, elle était alors laissée à l'arbitraire du juge et son inobservation la faisait trop souvent tomber en désuétude. Tel fut le sort de l'arrêt de 1724.

Vers l'année 1780, une coalition analogue à celle qui s'était formée en 1724 contre les agissements qu'avait provoqués le système de Law, se forma contre les mesures financières du contrôleur Calonne. On était alors aux dernières années du règne de Louis XVI. Afin de parer à l'arriéré de la dette royale qui s'élevait à un million six cent mille livres, de subvenir aux dépenses causées par la guerre d'Amérique, sans recourir à de nouveaux impôts, le ministère fit un emprunt par loterie avec lots et primes. Les recettes furent de plus de 450 millions de livres. On souscrivit des effets remboursables à terme, on les lança dans la circulation et les agioteurs reparurent. Vers la même époque, la nouvelle Compagnie des Indes, qui avait remplacé l'ancienne société de Law, émit 40.000 actions au porteur. Il y eut de nouveau un agiotage effréné (1) : le plus célèbre agioteur de l'époque, qui a laissé son nom à l'histoire, l'abbé d'Espagnac, accapara les actions au moyen de marchés à terme fictifs habilement combinés : il en acheta même 8.653 de plus qu'il n'en existait réellement, gagna en six mois une fortune de dix-huit millions, la

---

(1) Courtois. « Opérations de Bourse », p. 191 et suiv.

perdit en six jours, fut exilé de Paris et ses marchés annulés. M. de Calonne, après avoir sacrifié des sommes énormes, vaincu par la spéculation, fit rendre trois arrêts successifs dirigés, comme l'arrêt de 1724, contre les spéculateurs à la baisse.

L'arrêt du 7 août 1785, eut pour but d'empêcher les ventes à terme et de rendre impossible la spéculation tendant à imprimer une dépréciation sur les valeurs de Bourse, il laissait toute liberté pour les marchés au comptant et la spéculation à la hausse. L'article 7 déclarait nuls « tous marchés et compromis d'effets royaux quelconques qui se feraient à terme et sans livraison des dits effets, ou sans le dépôt réel d'iceux, constaté par acte dûment contrôlé au moment même de la signature de l'engagement ». Il y avait donc pour les vendeurs obligation d'opérer la livraison ou le dépôt des effets entre les mains de l'agent au moment où l'ordre de vente est donné, de sorte que si l'on peut vendre à terme on ne peut du moins vendre ce qu'on n'a pas.

Deux arrêts suivirent bientôt ce premier et voici dans quelles circonstances (1). Au moment où l'arrêt de 1785 fut publié, un grand nombre de machés à terme étaient engagés, il n'était pas juste que, contractés avant toute prohibition, ils fussent ultérieurement frappés de nullité. Aussi fit-on exception pour les marchés conclus avant la publication de l'arrêt, et l'on déclara que les spéculateurs engagés dans ces négociations pourraient poursuivre l'exécution des marchés « sous la condition expresse de les faire contrôler
» par le premier commis des finances, dans la huitaine à
» compter de la dite publication, et de livrer ou déposer par
» acte, en bonne et due forme dans l'espace de trois mois,
» les effets dont la livraison aurait été promise ».

(1) Dalloz. Rép. « Bourses de Commerce », n° 22, p. 1. Buchère, n° 440 et suiv.

Ce travail du premier commis des finances eut pour résultat de montrer que parmi tous les acheteurs et vendeurs à terme, un grand nombre remplissaient les deux rôles à la fois, que beaucoup de marchés devaient donc se régler par des compensations, que le chiffre des effets à livrer véritablement était donc considérablement diminué. On s'aperçut, en outre, que les opérations pouvaient être sérieuses bien qu'elles fussent faites à terme : la grande majorité des vendeurs se trouvaient dans la possibilité de livrer et les acheteurs étaient, en général, en mesure d'acquitter les prix. Le mal avait donc été sensiblement exagéré et les difficultés que l'on avait élevées pour l'enrayer étaient trop nombreuses. On pensa les réduire, on voulut revenir en arrière et favoriser les ventes à terme, lorsqu'elles étaient sérieuses et devaient être suivies de la livraison des effets.

Un nouvel arrêt du Conseil du 2 octobre 1785 (1) voulut parvenir à ce résultat. L'article 6 disait : « Ordonne pour
» l'avenir Sa Majesté que la disposition de son arrêt du
» 7 août dernier par laquelle, conformément aux anciennes
» ordonnances, elle a déclaré nuls les marchés et compromis
» d'effets royaux ou autres quelconques qui se feraient à
» terme, sans livraison desdits effets ou sans le dépôt réel
» d'iceux, sera exécutée selon sa forme et sa teneur dans
» tout son royaume ; entend Sa Majesté qu'il pourra seule-
» ment être suppléé au susdit dépôt par ceux qui étant
» constamment propriétaires des effets qu'ils voudraient
» vendre et ne les ayant pas alors entre leurs mains, dépo-
» seraient chez un notaire les pièces probantes de leur
» libre propriété. »

Le simple dépôt préalable des titres chez un notaire et des pièces probantes de la propriété, suffisait donc et suppléait à la livraison.

(1) Bozérian, t. I, n° 266.

Ainsi, grâce à cette preuve, des marchés à terme devenaient possibles sans remise préalable des effets. Un délai devait être indiqué pour l'exécution du contrat ; or, ce délai n'avait pas été indiqué dans l'arrêt du 2 octobre. Cette omission fut réparée par l'arrêt du 22 septembre 1786 (1). Le législateur rappelait les arrêts de 1785, et il ajoutait que pour remédier aux abus des spéculateurs qui avaient trouvé moyen de se dérober à ces deux arrêts « il ne pouvait être
» fait aucun marché d'effets royaux ou autres effets publics
» ayant cours à la Bourse, pour être livré à un terme plus
» éloigné que celui de deux mois, à compter du jour de sa
» date. » Les marchés faits à plus longue échéance étaient déclarés nuls.

Nous voyons combien ces arrêts successifs de M. de Calonne, étaient éloignés de l'ensemble du système de 1724 (2). Autrefois l'agent de change était forcé de spécifier sur son registre l'objet vendu, c'est-à-dire de le désigner par son titre et ses numéros, de manière à ce qu'il ne puisse être confondu avec d'autres titres de même espèce. On voulait que l'effet public vendu à terme fut un objet certain et déterminé, marchant ainsi à l'encontre de la spéculation qui ne veut voir que des quantités et ne vise que des différences. Si le titre est bien spécifié avec date et numéros ainsi que l'ordonnait l'édit de 1724, cette spécification indique bien la propriété du spéculateur; mais lorsque cette inscription est générale, lorsqu'on se contente même d'une preuve pardevant notaire de la propriété, ainsi qu'il résulte des arrêts de M. de Calonne, le spéculateur pourra par différents agents vendre plusieurs fois les titres dont il a un certificat de propriété, vendre ce qu'il n'a pas.

(1) Bozérian, n° 268, t. I.
(2) Bozérian, t. I, n° 269.

Les arrêts de 1785 et de 1786 prononçaient donc la légalité des marchés à terme, mais avec défense de reculer l'échéance au delà de deux mois, avec obligation, pour le vendeur de livrer ou de déposer les effets entre les mains de l'agent au moment de l'engagement ou de déposer entre les mains d'un notaire les titres de propriété. Or, quelle était la sanction légale en cas d'inexécution des obligations ? On a discuté assez longuement au sujet de cette question qui ne peut aujourd'hui présenter aucun intérêt pratique. Bozérian, dans son ouvrage sur les *Opérations de Bourse* (1), se prononçait pour la nullité : tout marché à terme qui n'était point fait suivant les prescriptions légales était nul de plein droit. Mollot (2), au contraire, dans son *Traité des Bourses de commerce*, dit que la nullité n'était encourue que si les marchés n'étaient pas sérieux ; mais si, bien que le dépôt n'eut pas été fait, l'on peut prouver, par quelqu'autre moyen, que le vendeur était propriétaire, le marché n'est, en aucune façon, entaché de nullité : le fait de ne pas avoir ces titres chez un agent de change, ou chez un notaire, n'est qu'une présomption de non propriété.

Quelque temps après ces arrêts de 1785 arriva la Révolution française ; comme les commotions politiques ont toujours une influence énorme sur le crédit public, les valeurs de Bourse et en particulier les effets publics tombèrent dans une extrême dépréciation. On s'en prit aux spéculateurs et on voulut arrêter leurs désordres au moyen de lois très sévères. Le décret de la Convention du 13 fructidor an III (30 août 1795), défendit de vendre ailleurs qu'à la Bourse l'or et l'argent, à peine d'être réputé agioteur et puni de deux ans de détention et de l'exposition avec écri-

(1) Bozérian, t. I, n° 270 et suiv.
(2) Mollot, titre VI, chap. II, § 463.

teau sur la poitrine portant le nom « agioteur ». Ce décret ajoute que les biens du coupable seront confisqués (art. 17). (1).

L'art. 3 dit que « Tout homme qui sera convaincu d'avoir
» vendu des marchandises et effets dont, au moment de la
» vente, il n'était pas propriétaire, sera aussi dénommé
» agioteur et puni comme tel. »

Un nouveau décret de la Convention, 28 vendémiaire an IV (20 octobre 1795), succède au premier et parle de la police de la Bourse. L'article 15 du chapitre 1er défend toute vente à terme et à prime de matières ou d'espèces métalliques, sous les peines portées contre les agioteurs. L'article 3 du chapitre II prohibe, sous les mêmes peines, « toute négociation à terme de lettres de change sur l'étranger » et l'article 4 donne à ces prohibitions un effet rétroactif. « Attendu que les marchés à terme et à prime ont
» déjà été interdits par les précédentes lois, tous ceux
» contractés antérieurement à ce décret sont annulés, il
» est défendu d'y donner aucune suite sous les peines
» portées contre les agioteurs » (2).

D'après Bozérian, en désaccord sur ce point avec Mollot et Troplong, c'est au système de la loi de 1724 qu'a voulu revenir le législateur (3) : impossibilité de faire un marché à terme en Bourse à moins de versement préalable, entre les mains de l'agent de change, des titres ou des sommes nécessaires à la négociation. Les formalités plus larges du dépôt chez le notaire, des arrêts de 1785, n'étaient donc plus suffisantes.

---

(1) V. Bozérian, t. 1, n° 273.
(2) V. Bozérian, t. 1, n° 274.
(3) Buchère, n° 443 — Troplong « Contrats aléatoires », n° 141 — Mollot, n° 404.

Un arrêté du Directoire du 20 nivôse an IV (10 janvier 1796), rappelle et confirme la loi du 13 fructidor an III et enfin le 2 ventôse an IV (21 février) nouvel arrêté qui a pour but, ainsi que le déclare le préambule, d'assurer l'exécution des lois du 13 fructidor et du 28 vendémiaire précédents et par là « faire cesser les manœuvres crimi-
» nelles des agioteurs qui parviennent à s'introduire à la
» Bourse de Paris et y jouent de la manière la plus scanda-
» leuse à la hausse et à la baisse... » Et, ce qui montre bien la sévérité du législateur pour étouffer ces abus et sa volonté de revenir à la sévérité du système de 1724, ce sont les termes mêmes de l'article 2 de cet arrêté : « Nul ne pourra
» vendre à la Bourse, ou échanger des matières métalliques,
» ni des assignats, et faire aucun traité y relatif, si confor-
» mément au vœu de la loi du 13 fructidor, il ne justifie
» qu'il est actuellement possesseur des objets à vendre ou
» à échanger et ce par la production du certificat de
» dépôt. »

Après la réorganisation de la Bourse en l'an IX, un arrêté des consuls, du 27 prairial an X, maintient le principe de la validité des marchés à terme mais après versement. L'article 13 dit « que chaque agent doit avoir reçu de ses
» clients les effets qu'il vend ou les sommes nécessaires
» pour payer ceux qu'il achète » et l'article 19 ajoute que les agents de change devront garder le secret le plus inviolable aux personnes qui les auront chargés de la négociation. Le consulat était donc resté fidèle au système de 1724.

Le Code de commerce, intervenant en 1807, n'apporta aucune disposition prohibitive aux marchés à terme. Devant ce mutisme une grave question se posait : devait-on accepter la validité des négociations à terme en matière de Bourse ou en proclamer la nullité ?

Bozérian admettait, comme nous l'avons montré plus haut, que l'arrêté de 1724 était toujours en vigueur ; l'arrêté du 27 prairial an X se rapportait aux injonctions et défenses du 28 vendémiaire au IV et 2 ventôse de la même année. Nous avons cité déjà son article 13, qui forçait l'agent à n'exécuter les ordres donnés qu'après avoir reçu des clients les effets ou les sommes nécessaires. Si donc l'agent doit avoir en mains les effets ou les fonds, les marchés à terme, sans livraison préalable, sont devenus impossibles. L'article 1er de la délibération de la Chambre syndicale des Agents de change de Paris du 10 fructidor, an X, ajoutait en outre, commentant l'arrêté du 27 prairial, « que tous les effets devaient être remis ou payés dans l'intervalle d'une Bourse à l'autre, que les effets transmissibles par voie d'endossement et les inscriptions de rente devaient être transmis dans les seuls délais autorisés, indispensables pour l'endossement ou le transfert »; si donc l'agent ne doit exécuter les ordres qu'après remise, la sanction qui s'impose, lorsqu'il a transgressé ces formalités, est de lui faire encourir la responsabilité du paiement et de la livraison. Il commet une infraction et se rend responsable.

Cette doctrine fut combattue par Troplong dans ses *Contrats aléatoires* et par Mollot. Ces auteurs (1) reviennent aux arrêts de 1785 et 1786 : l'arrêté de l'an X a bien ordonné à l'agent de recevoir les effets qu'il vend, mais à défaut de cette remise, il peut se contenter de la justification de propriété que lui fera le client. Et Troplong allant même plus loin, dit que l'agent pourra même se contenter d'une simple couverture. Après l'apparition du Code de commerce, alors que Bozérian ne veut admettre que l'ancienne législation de 1724,

---

(1) Troplong, « Contrats aléatoire », n° 148. — Mollot, « Bourses de commerce », n° 319.

Mollot, Troplong, dont la doctrine fut aussi soutenue par Buchère (n° 440), voulaient faire une distinction. Si le législateur prohibait complètement les marchés à terme effectués par des spéculateurs qui n'ont ni la volonté, ni la possibilité de les réaliser complètement, il permettait au contraire les marchés à terme sérieux et contractés de bonne foi.

Paul Pont, dans ses *Petits contrats* (tome 1er, n° 631), émettait une autre opinion, selon nous assez justifiée. Après avoir fait l'historique de la question et prenant même son principal argument dans cet historique, il pose en principe que les dispositions des anciens arrêts étaient avant tout pénales. Ce caractère est nettement démontré dans un jugement rendu par les Commissaires généraux le 29 novembre 1786, par lequel, appliquant les arrêts de 1785 et 1786 ils déclarent nuls et de nul effet les marchés à terme exécutés sans remise préalable, « Ordonnons, disent-ils, que toutes sommes payées d'avance en à-compte des dits marchés, soit à titre de prime ou autrement, seront restituées et *condamnons* les sieurs de Saint-Didier et de Saint-Albin chacun à l'amende de 24,000 livres, portée par l'arrêt du 7 avril 1785. (Collection de Nyon et Simon, Merlin rép. « Marché à terme » § 2, n° 1 en note). Il est donc évident que ces arrêts avaient une portée toute pénale, et c'est dans le Code pénal aux articles 420, 421 et 422 qu'il faut chercher leur abrogation. L'arrêt de 1724 traitant de fictif tout marché à terme, les arrêts de 1785 et 1786 admettant une présomption de jeu, quand il n'y a pas eu remise, dépôt ou preuve de propriété, sont remplacés par l'article 422. « Sera réputée pari, toute convention de vendre ou de livrer des effets publics qui ne seront pas prouvés par le vendeur avoir existé à sa disposition au temps de la convention, ou avoir dû s'y trouver au moment de la livraison.» Le législateur comprenant que tout négociant, comme tout spéculateur, est exposé à vendre ce qu'il n'acquerra que plus tard, a remplacé ses anciennes prescriptions étroites par cette règle plus large et plus générale. Il demande, avant tout la preuve, que l'opération projetée est sérieuse, qu'il est dans la possibilité de la réaliser, que les effets étaient à sa disposition au moment de la convention ou qu'il avait la certitude qu'ils seraient en sa possession au moment de la livraison. La présomption légale a donc fait place à une question de fait.

Cette incertitude qui divisait la doctrine et partageait les auteurs se retrouvait dans la *jurisprudence*. En l'an IX, Merlin, procureur général à la Cour de cassation, prenait dans le procès Lancel c. Rigault, des conclusions où il disait que les arrêts de 1785 et 1786 étaient toujours en vigueur, qu'il fallait « ou dépôt de titres ou preuve de propriété à peine de nullité et le tout au moment où le marché se contracte. » L'arrêt de l'an X paraît presque aussitôt, obligeant les agents à recevoir les effets qu'ils vendent sous peine de responsabilité personnelle. Il semblait donc que les marchés à terme sans remise préalable étaient pour ainsi dire devenus impossibles, malgré cela le 29 mai 1810 (aff. Delatte c. Porteau), la Cour de Paris a, dans un arrêt, affirmé que les marchés à terme n'étaient prohibés par aucune loi (1).

Treize ans plus tard, il y eut un retour complet de la jurisprudence, dans trois arrêts successifs, la Cour de Paris revint à une théorie diamétralement opposée : le 18 février 1823 dans une affaire Coutte c. Vincourt, le 10 avril 1823

---

(1) Buchère, n° 445. — S. v° « Effets publics », n° 57 et suiv. — V. Bozérian, t. II, n° 459 et suiv.

dans une affaire Valedeau et enfin le 9 août 1823 dans une affaire Perdonnet c. le comte Forbin Janson. Le dernier arrêt surtout, à cause même des circonstances dans lesquelles il a été prononcé, est resté mémorable dans l'histoire de la jurisprudence. En voici l'espèce : le 28 décembre 1822 et le 2 janvier 1823, le comte Forbin Janson avait fait acheter 150 mille francs de rentes sur l'État, livrables et payables fin janvier 1823. Une baisse effrayante étant survenue, le comte de Forbin les fit revendre fin février. Cette revente se fit avec une perte de trois cent quarante mille francs. L'agent de change Perdonnet, n'ayant qu'une couverture de soixante mille francs, réclamait le supplément. Or, bien que le premier marché ait été ratifié par la revente, bien que le comte jouissant d'une fortune considérable, put passer pour un spéculateur sérieux, bien qu'il ne se fut agi que de deux seules opérations, la Cour prononça la nullité du marché à terme et la responsabilité de l'agent. « Attendu, disait l'arrêt, qu'en aucun cas l'agent de change » ne peut avoir d'action contre son client, puisqu'il est » tenu d'avoir les mains garnies en opérant pour lui. — » Attendu que la mauvaise foi de Forbin, qui, après avoir » touché antérieurement le produit de ses spéculations » illicites, refuse de rembourser la perte résultant de ces » mêmes opérations, ne peut motiver en faveur de Per- « donnet une action qee la loi dénie. » Il y eut recours en cassation et la Cour suprême, le 11 août 1824, rejeta le pourvoi sur le rapport de M. Zangiaconi et les conclusions de l'avocat général Jourde (S. Coll. Nouv., t. III. — SV. 23. 2. 262. — 24. 1. 409). « Considérant qu'il résulte des arrêts » du Conseil du 7 août et 2 octobre 1785 et 2 septembre » 1786 que les marchés à terme d'effets publics sont nuls, » lorsque le dépôt de ces effets ou les formalités qui peuvent

» y suppléer n'ont pas été exécutés. » — Le Tribunal de commerce de la Seine avait fini par se rallier à cette jurisprudence et s'appuyant, en outre, sur l'article 86 du Code de commerce, disant que l'agent de change « ne peut se » rendre garant de l'exécution des marchés dans lesquels » il s'entremet, » qu'il se rend garant lorsqu'il n'a pas les mains garnies des titres ou des espèces, déclarait illicites tous les marchés à terme, sans remise préalable : il y avait une présomption de jeu.

La jurisprudence varia de nouveau (1). Un arrêt de la Cour de Paris du 29 mars 1832 (S. 1832. 2. 293), dans une affaire Verrier c. Loubers, agent de change, revenait à un système plus large : « Considérant qu'aucune disposition de » loi ne frappe de nullité les marchés à terme d'effet public » par cela seul que le prix d'achat n'a pas été déposé à » l'époque du contrat entre les mains de l'agent de change » de l'acheteur. Que du défaut de consignation du prix peut » résulter seulement un certain cas de présomption que le » contrat n'est pas sérieux ». Un arrêt de la Cour de Paris du 9 juin 1836 (affaire Mène c. Dabrin) reproduit des principes absolument identiques : « Attendu que la loi ne prohibe les marchés à terme que lorsqu'ils portent uniquement sur la différence entre les cours actuels et futurs du marché », et la Cour de cassation, dans plusieurs arrêts, reconnaissant que, si en principe le marché à terme devait être prohibé comme constituant un jeu, il pouvait se faire qu'exceptionnellement certains marchés à terme fussent sérieux et contractés de bonne foi. (Cass., 29 mars 1836. S. 1837. 1. 455. — Cass., 30 novembre 1842. S. 42. 1. 897. — Paris, 29 mars 1832 et 9 juin 1836. S. 37. 2. 85).

(1) V. Rapport de M. Naquet à la Chambre des Députés, 20 juill. 1882, cit plus loin.

Puis plus tard abandonnant complètement sa théorie où elle faisait encore revivre les anciens arrêts, retournant pour ainsi dire les principes sur lesquels elle basait sa doctrine, la jurisprudence fit de ce qu'elle prenait autrefois pour l'exception une règle générale. Elle déclara que les marchés à terme d'effets publics sont sérieux et valables, que la prohibition de la loi ne frappe que ceux qui servent à déguiser des opérations de nature à se résoudre nécessairement par des différences par la volonté des parties. Ces opérations constituent alors des opérations de jeu. (Cass., 1 avril 1856. S. 57. 1. 192. — Cass., 20 août 1868. S. 69. 1. 20. D. 68. 1. 439. — Toulouse, 1874, 30 juin. S. 75. 2. 20). Les parties qui voulaient se dérober à leurs engagements, devaient invoquer l'exception de jeu de l'article 1965 du Code civil et le prouver. (Paris, 25 avril 1849. D. 49. 2. 215. — Paris, 22 novembre 1852. D. 54. 5. 20. — Cass., 18 juin 1872. S. 73, 1. 19. — Cass., 31 mars 1874. D. 75. 1. 229. S. 75. 1. 229).

On fit aussi une différence entre le vendeur et l'acheteur pour l'application de l'article 422 du Code pénal. Nous avons déjà cité cet article, qui réputait pari toute convention de vendre ou de livrer des effets publics qui ne seraient pas prouvés par le vendeur avoir existé à sa disposition au moment de la convention. Cette présomption légale de jeu n'existait donc, d'après cet article, que pour le vendeur et non pas pour l'acheteur. Voir les arrêts précités du 29 mars, 1832 et du 9 juin 1836.

CHAPITRE II

Loi de 1885

La distinction entre les marchés à terme sérieux et les marchés fictifs, était donc fondamentale dans les décisions de la jurisprudence. Il suffit de montrer les motifs sur lesquels les tribunaux s'appuyaient pour établir cette distinction, pour concevoir les plaintes et les récriminations qui surgirent au sujet de ces décisions judiciaires. La Cour de cassation avait laissé la question de distinguer le caractère sérieux des marchés à la libre appréciation des juges, comme n'étant qu'une question de fait. En général, les tribunaux, pour résoudre la question, recherchaient qu'elle avait été l'intention des parties au moment de l'opération : lorsqu'il était reconnu que le client n'avait jamais eu l'intention de livrer les titres ou d'en recevoir livraison, l'agent de change venant réclamer le le prix de la négociation, ou simplement même les les différences, pouvait être repoussé par l'exception du jeu Toutefois, il fallait que l'agent pût être considéré comme ayant connu l'intention de son client.

On voit comme il est difficile de découvrir et l'intention

du client et la bonne ou mauvaise foi de l'agent. C'était grâce à des circonstances extrinsèques, et parfois même postérieures à l'opération, que les tribunaux arrivaient à se former une religion. Ainsi ils examinaient si, eu égard à l'importance du marché, les parties avaient la possibilité d'éxécuter l'opération par la livraison et le paiement : lorsqu'il y avait une disproportion trop grande entre la fortune du donneur d'ordre et le chiffre de l'opération, il y avait une présomption de jeu. On ne s'attachait pas à la profession du spéculateur, mais à son habitude de ne régler que les différences, on présumait ainsi de son intention, M. Naquet, dans son exposé des motifs au moment de l'étude de la loi de 1885 (1), après avoir montré les motifs de l'indécision de la jurisprudence et de ses variations, dit, qu'en général, les Tribunaux de commerce admettaient avec difficulté ces exceptions de jeu, mais que les Cours d'appel, plus faciles en ces matières, réformaient bien souvent les décisions consulaires. Cette indécision, ces désaccords dans les théories causaient le plus grand préjudice aux spéculateurs sérieux.

Les marchés à terme n'en restaient pas moins indispensables aux opérations financières et à l'organisation de notre crédit public, lorsque l'Etat voulait emprunter. Le comte de Mollien, parlant au premier consul au sujet de la Bourse et de ses opérations *Mémoire d'un Ministre du Trésor Public*, t. Ier, p. 251 à 273 (2), lui disait « que pour
» condamner la vente et l'achat des effets publics qui
» s'opèrent sous cette forme, il faut oublier que les plus
» importantes et les plus nécessaires des transactions
» sociales consistent en de pareils marchés. Si des abus

(1) 20 juillet 1882. *Journal Officiel* du 21, Déb. Parlem.
(2) Courtois, p. 426, appendice.

» se sont introduits dans les transactions de Bourse qui
» reposent sur des marchés à terme, on doit surtout en
» accuser la jurisprudence qui les place hors du domaine
» de la loi : s'ils violent la foi publique, les tribunaux
» doivent d'autant moins se refuser à en prendre connais-
» sance : leur devoir est de rechercher et de punir cette
» violation. Quand un homme libre a pris des engage-
» ments téméraires, c'est dans leur exécution qu'il doit
» trouver la peine de son imprudence ou de sa mauvaise
» foi. » Il ajoutait : « Je ne prétends pas conclure de ce que
» les marchés à terme ne peuvent pas être interdits, qu'ils
» sont exempts d'abus, c'est que pour qu'ils soient répri-
» més dans leurs abus, que je demande que les contractants
» soient jugés selon la loi commune des contrats. » Or,
grâce à la jurisprudence en cours avant 1885, le contraire
se produisait quotidiennement. Un débiteur malhonnête
pouvait se rendre compte si la loi le contraignait à remplir
ses engagements. Quoique débiteur réel en équité, il pouvait ne pas exécuter un contrat loyalement passé entre
personnes majeures et entièrement capables, et prouver
légalement qu'il ne devait rien.

Une nouvelle législation se faisait donc impérieusement
sentir. Déjà, en 1824, un parère signé des principaux banquiers et commerçants disait (1) : (Art. 3) « que les marchés à
» terme se liquident par la livraison des effets vendus ;
» soit qu'ils existent dans les mains du vendeur au moment
» où la livraison est exigée par l'acheteur, soit que le ven-
» deur les fasse acheter pour en opérer la livraison. —
» (Art. 4) Que dans tous les cas, il y a toujours d'un côté
» l'achat d'une chose qui doit être payée et de l'autre la
» vente d'une chose qui doit être livrée : ce qui *ne permet*

---

(1) S. « Lois annot. », 1885, p. 768.

» *pas d'envisager ces sortes d'opérations comme des paris sur*
» *les effets publics* ». Ce parère fut signé par MM. Laffite,
Mallet frères. En 1842, un nouveau parère vint confirmer le
le premier et affirmer que « les grandes opérations finan-
» cières éprouveraient de très grandes difficultés, si le
» mode de négociation consacré par les habitudes et les
» nécessités de la place devait être entravé ». Ce nouveau
document était signé des principaux banquiers de l'époque :
Hottinger, Raguenau, de Rothschild, Laffite.

Plusieurs projets de lois avaient été proposés à la Chambre, des discussions avaient eu lieu, notamment les 27 janvier 1826 et 31 janvier 1833, et devant le Sénat aux séances des 24 et 27 février et 5 mars 1861. En 1843 et 1856, des commissions extra-parlementaires furent constituées dans le but de s'occuper de ces questions; malheureusement le gouvernement ne donna jamais de solution définitive à ces rapports. En 1876, il y eût une nouvelle tentative plus tenace et plus sérieuse de la part de M. Andrieux. Son projet consistait à rendre l'article 1965 du Code civil inapplicable aux marchés à terme à découvert, de façon à rendre l'exception de jeu impossible à invoquer par les spéculateurs malheureux. La Chambre prit le projet en considération le 29 novembre 1878, et il était prêt d'aboutir, quand la dissolution normale de 1881 remit tout en question (1).

En 1882 eut lieu le « krach » de « l'Union Générale » : après une hausse inconsidérée sur ces titres, les valeurs s'effondrèrent ; les agents de change craignant à juste titre l'application de la jurisprudence en cours, refusèrent de reporter leurs clients et de continuer les opérations : pour limiter leurs pertes, ils forcèrent à la liquidation : ce fut ce qui

(1) Buchère, n° 452.

contribua le plus à accentuer la déroute. Il y eut alors une série de désastres : un grand nombre de spéculateurs, justifiant ainsi les craintes des agents, invoquèrent l'exception de jeu de l'article 1965 ; les scandales se multiplièrent et pour éviter la répétition de pareils faits, plusieurs députés présentèrent une série de projets. Le 6 février 1882, il y eut une proposition de M. Naquet tendant à rendre inapplicable, aux marchés à terme. l'art. 1965 (Journal Off., Doc. parlem., février 1882, p. 291). Le 7 février, proposition de M. Lagrange ayant pour objet de modifier l'article 13 de l'arrêté du 27 prairial an X (Journ. Off. du 8 février. Déb. parlem. p. 99 et exposé des motifs, Doc. parlem., février 1882, p. 301.) Proposition de M. Janvier de la Motte, relative à la modification de l'article 1965, Code civ., portant reconnaissance des marchés à terme sur marchandises de toutes sortes, titres de rente, actions obligations industrielles et commerciales, le 13 février 1882 (Journ. Off. du 14, Déb. parl., p. 126) et enfin proposition de M. Sourigues, pour déterminer les conditions auxquelles seront soumises les valeurs mobilières qui seront négociées en France, le 23 février 1882 (Journ. Off. du 24, Déb. parl., p. 162).

La présentation par le Gouvernement d'un projet de loi relatif à cette question eut lieu le 5 juin 1882 (Journ. Off. du 6, Déb. parlem., p. 789). Vint ensuite le rapport de M. Naquet sur ces diverses propositions et projets, en ce qui touche les marchés à terme, le 20 juillet 1882 (Journ. Off., 21, Déb. parl., p. 1351).

Il y eut deux délibérations devant la Chambre des Députés : la première le 17 mars 1883 (Journ. Off. du 18, Déb. parl., p. 633) et la deuxième délibération avec adoption, le 16 octobre 1884 (Journ. Off., Déb. parlem., du 17, p. 2041).

Le 13 novembre 1884 eut lieu la présentation du projet

au Sénat (Journ. Off. de 14. Déb. parl., p. 1694) qui, après le rapport de M. Naquet le 18 décembre (Journ. Off. du 19, Déb. parl., p. 1934), eut une première délibération, le 3 février 1885, et adopta le projet avec modifications, le 19 février suivant (Jour. Off., 4 février 1885, p. 27, Déb. parl. et 20 février, Déb. parl., p. 157).

Le retour du projet ainsi modifié eut lieu le 28 février devant la Chambre qui, après le rapport de M. Léon Penlevey, le 12 mars 1885, le discuta et l'adopta le 26 mars (Journal Off., 1er mars 1885, Déb. Parl., p. 335. — Journ. Off., 13 mars, Deb. Parl., p. 506 et Journ. Off., 27 mars 1885, p. 668).

Le but de la loi était de reconnaître avant tout la légalité des marchés à terme sur les effets publics et valeurs mobilières tout en laissant condamner les véritables jeux.

Voici le texte de cette loi du 28 mars 1885, promulguée au *Journal Officiel* du 8 avril :

ARTICLE Ier. — Tous marchés à terme sur effets publics et autres; tous marchés à livrer sur denrées et marchandises sont reconnus légaux.

Nul ne peut, pour se soustraire aux obligations qui en résultent, se prévaloir de l'article 1965, Code civil, lors même qu'il se résoudrait par le paiement d'une simple différence.

ART. II. — Les articles 421 et 422 du Code pénal sont abrogés.

ART. III. — Sont abrogées les dispositions des anciens arrêts du Conseil des 24 septembre 1724, 7 août, 2 octobre 1785 et 22 septembre 1786, l'article 15 chapitre I, l'article 4 chapitre II de la loi du 28 vendémiaire an IV; les articles 85, § 3, et 86 du Code de commerce.

ART. IV. — L'article 13 de l'arrêté du 27 prairial an X est modifié ainsi qu'il suit : « Chaque agent de change est responsable de la livraison et du paiement de ce qu'il aura vendu et acheté. Son cautionnement sera affecté à cette garantie.

ART. V. — Les conditions d'exécution des marchés à terme par les agents de change, seront fixées par le règlement d'administration publique, prévu par l'article 90 du Code de commerce.

En légalisant les marchés à terme, en abrogeant l'article 1965 du Code, civil dans l'exécution de ces marchés, le législateur avait obéi à deux ordres de considérations. Il avait reconnu, aux dires du rapporteur, l'utilité de la spéculation dans le développement de l'économie politique. Et, d'autre part, l'examen des faits, aussi bien que le raisonnement théorique, avait prouvé que les anciens législateurs, en restreignant la liberté des marchés à terme pour arriver à la suppression des jeux, n'avaient en aucune façon atteint ce but. Ils avaient favorisé l'agiotage et le jeu, au lieu de les limiter et de les faire disparaître.

Il fallait donc enfin reconnaître l'utilité de la véritable spéculation, ne plus la confondre avec le jeu ; sous le prétexte que souvent sous le couvert de marchés à terme fictifs, les véritables joueurs ne poursuivent qu'un bénéfice illicite et jettent le trouble sur les marchés, on avait condamné en bloc toutes les opérations à terme : on s'était ainsi privé de la spéculation sérieuse qu'on reconnaissait indispensable au commerce et au crédit public; on avait même fourni des armes aux spéculateurs de mauvaise foi, en leur permettant d'invoquer, contre toute équité, l'exception de jeu.

C'est ainsi que les véritables joueurs profitaient des théories de la jurisprudence. « En effet, dit le rapporteur (1),
» pour supprimer les jeux de bourse, qu'avait-on imaginé ?
» De refuser une action en paiement au gagnant. Lorsqu'il
» s'agit d'un jeu ordinaire, on ne se contente pas de refuser
» cette action au gagnant, on ferme les maisons où les
» parties s'organisent, on défère aux tribunaux ceux qui
» les tiennent, on punit ces derniers de peines très sévères,
» on les prive de leurs droits civiques à perpétuité. A-t-on

(1) S. « Lois annotées », 1885, p. 769.

» jamais, jusqu'à ce jour, assimilé les agents de change,
» ou même les coulissiers aux personnes qui tiennent une
» maison de jeu ? Nullement, malgré les dispositions que
» les lois diverses mettaient à la disposition des gouver-
» nements, on ne l'a jamais osé, on ne l'a jamais pu : on
» s'est borné à dire aux agents de change : « Si vos clients
» ne vous payent pas, vous ne serez pas admis à répéter
» contre eux ». Réduite à ces termes, et il est impossible
» de la pousser plus loin, la prohibition ne présente plus
» que des désavantages, elle va contre son but. Faite en
» vue de protéger l'honnête homme, elle protège le voleur ;
» faite en vue d'éviter les excès de spéculation, elle pousse
» à ces mêmes excès. »

C'était, en effet, à l'agent qui peut se trouver de bonne foi, qui peut croire qu'il fait une opération sérieuse, qui parfois même se trouve dans l'impossibilité de contrôler le but visé par le client que s'en prenait le législateur, espérant ainsi lui inspirer une crainte salutaire et l'empêcher de servir d'intermédiaire à de fausses spéculations. Le joueur profitait de cette situation : s'il spéculait avec cette idée de retirer ses bénéfices en cas de réussite et de refuser à tout paiement en cas d'insuccès.

Il fallait pour invoquer à juste titre l'exception de l'article 1965, prouver la mauvaise foi de l'agent et démontrer qu'il connaissait la nature des opérations (1). Nous avons vu comment et dans quelles circonstances la jurisprudence faisait naître des présomptions à ce sujet. Le résultat était que les agents de change devaient se tenir dans un perpétuel état de méfiance, qu'ils devaient s'assurer, avant toute exécution, du caractère de l'ordre qui leur était donné, et refuser toute négociation en cas de doute. Cet état de

(1) Buchère, n° 641.

choses pouvait amener sur le marché les plus grands troubles, et l'exemple que citait M. Naquet, à ce sujet, n'était autre que celui qui avait provoqué la loi de 1885. En 1882 (1), au milieu des troubles financiers provoqués par la chute de la banque de « l'Union Générale », les agents de change s'effrayèrent. Ils comprirent la situation désespérée de la banque et, comme ils savaient que les spéculateurs à la hausse invoqueraient l'article 1965 pour ne pas payer les différences, que les spéculateurs à la baisse réclameraient, au contraire, ce qu'ils avaient gagné et exigeraient la réalisation des marchés, ils voulurent tout au moins limiter leurs pertes. D'un commun accord, ils arrêtèrent toutes les opérations et refusèrent de reporter leurs clients, les forçant ainsi à liquider. A raison même de cette manœuvre, la baisse s'accentua, il y eut une véritable déroute parmi les haussiers, et les pertes augmentèrent dans des proportions considérables : « Les vendeurs, forcés de réaliser, ne trou- » vèrent plus de contre-partie, les cours s'effondrèrent de » plus en plus et l'effondrement centupla les pertes. » (Rapport de M. Naquet au Sénat. rapp. S. 1885. Lois ann., p. 769). Si les agents de change avaient eu plus de confiance dans la bonne foi des spéculateurs, s'ils n'avaient pas craint l'application parfois exagérée que la jurisprudence faisait de l'exception de jeu, ils auraient pu reporter leurs clients, prolonger leur situation, et, par ce moyen, retarder et atténuer le désastre.

Et pour ne prendre que cet exemple, ce résultat déplorable, ce manque de confiance que les agents de change avaient montré à l'égard de leurs clients et qui avait ainsi augmenté le désastre de 1882, était surtout dû à la jurisprudence adoptée en général à cette époque. Si une spécu-

(1) S. « Lois annotées », 1885, p. 769.

lation se produisait et s'il était démontré que son caractère était fictif, que le but de l'opération était le jeu, le pari sur la hausse et la baisse des valeurs, au lieu de punir le véritable coupable, c'est-à-dire le spéculateur, on frappait l'intermédiaire, celui qui avait prêté son concours à l'acte illégal : l'agent de change. On avait cru que ce résultat, qui était pourtant injuste, était le meilleur moyen d'inspirer une juste défiance aux officiers ministériels et de les empêcher ainsi de servir les spéculateurs dans leurs opérations. On était donc resté, en France, avec l'ancienne législation de 1724 et les arrêts de 1785 et 1786, tour à tour discutés ou appliqués et les spéculateurs profitaient de ces hésitations.

Pour mettre un terme à toutes ces variations de la jurisprudence, le législateur de 1885 pose en principe la légalité des « marchés à terme ». Dans son article 1er de la loi du 28 mars, il déclare : « Tous marchés à terme sur les effets
» publics et autres, tous les marchés à livrer sur les denrées
» et marchandises sont reconnus légaux. — Nul ne peut,
» pour se soustraire aux obligations qui en résultent, se
» prévaloir de l'article 1965 du Code civil, lors même qu'ils
» se résoudraient par le paiement d'une simple différence ».

Tous les mots portent dans cet article (1), tous donnèrent lieu à de longues discussions, et il est indispensable pour connaître le sens exact de la loi, de l'étudier dans sa formation, dans les délibérations auxquelles elle donna lieu.

Au lieu d'accepter l'expression générale « tous marchés », par laquelle débute la loi, on voulait encore faire une distinction entre la spéculation sérieuse et le jeu et l'agiotage; entre la spéculation faite dans l'intérêt du négoce et la spéculation fictive, où le donneur d'ordre n'a d'autre but que

---

(1) Lyon-Caen et Renault, t. IV, n° 982. — Buchère, n° 461.

de réaliser un bénéfice en touchant les différences. Si tous reconnaissaient l'utilité de la première, ils voulaient étouffer et faire disparaître la seconde ; mais comment les distinguer. L'une et l'autre se réalisent au moyen de marchés à terme. Si le jour de la liquidation, le spéculateur est en mesure de liquider son opération, en l'exécutant complètement, soit même en payant les différences de façon à permettre à la contre-partie de réaliser son marché, nul ne pourra se plaindre. Or, les opérations que fait le spéculateur sérieux, sont identiquement les mêmes que celles que réalise le joueur ; ce sont des marchés à terme ; il serait dangereux, par conséquent, de prendre cette forme de marché comme critérium d'opération de jeu, et l'on ne peut non plus conclure de ce que le donneur d'ordre a employé cette forme de marché, que son opération est sérieuse. Or, de peur de nuire aux spéculations utiles, en voulant porter atteinte aux opérations factices, le législateur a voulu que la présomption de légalité s'appliquât à *tous* les marchés à terme.

Il parle ensuite des effets publics : « Tous marchés à terme sur effets publics... » : Cette expression doit être entendue dans sa plus large acception, et non seulement il faut faire entrer dans ce mot les rentes françaises, mais les titres de différente nature émis par l'État et de plus toutes les valeurs mobilières, actions et obligations de sociétés financières, industrielles, garanties ou non par l'État et même tous les titres étrangers régulièrement émis et ayant cours à la Bourse de Paris. Et voulant montrer de plus en plus la généralité de sa pensée, qu'il croyait encore incomplètement rendue par le mot « tous », pour que la compréhension en fut encore plus large, le législateur a ajouté « et autres ».

Par ces mots « marchés à terme » on a voulu de même englober toutes les différentes sortes de marchés et leurs modalités (1) : marchés fermes, à prime, reports, etc. Il était utile de prononcer la légalité pour ces différentes modalités, qui, pour la plupart, avaient été attaquées. Les marchés à prime avaient été considérés par certains auteurs comme contraires aux principes généraux du Code civil. L'article 1174 dit, en effet, que « Toute obligation est nulle lorsqu'elle a été contractée sous une condition potestative de la part de celui qui s'oblige ». Or, on a voulu se voir dans les marchés à prime en présence d'une obligation purement potestative. La jurisprudence a repoussé d'une façon très catégorique cette théorie (Cass., janvier 1878. S. 78. 1. 269) et la Commission a voulu, en rédigeant le texte de loi, suivre l'opinion de la Cour de cassation. Il y a en réalité dans les marchés à prime des achats faits, non pas avec simple condition potestative, mais avec faculté de dédit. L'acheteur n'est pas libre de se délier au gré de son caprice, sans éprouver le moindre dommage. Le seul avantage qu'il peut avoir, en réglant ainsi ses marchés, est de pouvoir limiter ses pertes.

La seconde partie de l'article 1er ajoute : « Nul ne peut, » pour se soustraire aux obligations qui en résultent, se » prévaloir de l'article 1965 du Code civil, lors même qu'ils » se résoudraient par le paiement d'une simple différence. » Lorsque la Commission extraparlementaire commença l'étude de cette question, elle se trouva en présence de deux opinions diamétralement opposées et soutenues l'une et l'autre par des membres très compétents. Les uns voulaient laisser les choses en l'état : proclamer la légalité des marchés à terme, mais conserver les anciennes théories de

(1) Buchère, n° 462.

la jurisprudence pour l'application de l'article 1965. Les autres voulaient faire disparaître toute discussion future et voulaient faire déclarer complètement inadmissible l'exception de jeu en matière de marchés à terme. La Commission rejeta ces deux systèmes. Elle jugeait imprudent de ne pas résoudre la question et de laisser toute liberté d'appréciation aux tribunaux, en éliminant cette question de la loi de 1885, et d'un autre côté, elle craignait, en se rangeant complètement à la seconde opinion, refuser l'exception de jeu à tous spéculateurs et pour tous marchés qualifiés à tort ou à raison marchés à terme. Les motifs qui l'ont poussée à rejeter simultanément ces deux opinions sont reproduits dans les délibérations de la Commission (1). Ce qui nécessitait l'intervention du législateur, en 1885, était justement l'indécision de la jurisprudence : sans règles fixes, sans critérium certain qui lui permit de distinguer les marchés sérieux des marchés fictifs, elle arrivait parfois à les confondre et permettait à des spéculateurs malhonnêtes de se soustraire à leurs obligations contractées d'une façon sérieuse. La seconde opinion parlait bien de rendre l'article 1965 inadmissible en matière de marchés à terme, mais c'était tomber dans un excès contraire : le marché ne devait pas être regardé comme sérieux chaque fois qu'il était à terme ; il ne suffit pas de prendre la forme d'un marché pour changer le caractère d'une obligation et la rendre sérieuse, alors qu'elle n'est que fictive. Un véritable jeu ou pari pourrait avec ce système devenir légal et donner lieu à une action en justice.

Le rôle des tribunaux, au contraire, doit être de déterminer les actes frauduleux ; ils doivent avoir la possibilité d'empêcher la réalisation d'opérations qui n'ont revêtu la

---

(1) « La Loi », 28 et 29 juin 1882. — S. « L. Ann. », 1885, p. 768.

forme d'un contrat que dans le but de se soustraire à la loi. C'est ce que disait le rapport de la commission : « Les » tribunaux peuvent rechercher la nature véritable des » opérations qui leur sont soumises, quelque soit la forme » ou le nom sous lesquels elles se produisent. On ne voit » pas pourquoi on leur enlèverait ce pouvoir quand il » s'agit d'opérations qualifiées par les parties de marché à » terme. On a souvent demandé qu'on fit rentrer les mar- » chés à terme dans le droit commun, c'est ce que veut » la commission. Mais en attribuant à la seule qualification » de marché à terme, donnée à des opérations, l'effet de » supprimer le droit légitime d'investigation des magis- » trats, on apporterait une dérogation exorbitante au droit » commun, on créerait un véritable privilège, grâce auquel » il serait facile d'exercer, contrairement à l'article 1965, » une action en justice pour l'exécution d'un pari caracté- » risé » (1).

La commission écarta donc ces deux opinions et s'efforça de trouver une théorie qui tout en reconnaissant la légalité des marchés à termes permit aux tribunaux de punir par l'exception de jeu les marchés fictifs et, pour déterminer le caractère de ces marchés, elle proposa ce texte : « Nul ne peut, pour se soustraire aux obligations qui en résultent, se prévaloir de l'article 1965 lorsque l'acheteur a le droit d'exiger la livraison ou le vendeur a le droit de l'imposer ». Peu importe le résultat final de l'opération qu'il y ait au moment de l'arrivée du terme une convention par laquelle les parties s'engagent à ne réclamer que les différences. qu'il y ait même impossibilité matérielle pour les deux opérateurs d'agir autrement, ce n'est pas au moment de l'arrivée du terme, mais bien au moment de la convention

---

(1) S. « L. Ann. », 1885, p. 770.

que doit se reporter le juge. Les marchés à terme ne sont pas autre chose que des ventes à terme impliquant pour l'acheteur et pour le vendeur le droit d'exiger la livraison et la prise de livraison : il faut et il suffit que ces droits existent à l'origine, pour que les marchés soient sérieux et n'aient rien de commun avec le pari et le jeu.

C'est donc au moment où se forme le marché que l'on doit examiner son existence légale : Si le droit d'exiger la livraison des titres existe à ce moment, le marché est sérieux et partant légal ; des modifications peuvent subvenir à la suite de circonstances et de faits postérieurs : par exemple, une convention survenue après coup de ne se contenter que des différences, ces circonstances ne changent rien à la légalité. « Les tribunaux, aux termes du
» rapport, devront donc, en laissant de côté ce qui a pu se
» se passer par la suite, examiner les choses à l'origine,
» c'est-à-dire au moment où l'ordre a été donné et voir si
» client, qui se prévaut de l'article 1965, avait bien le droit
» (s'il est acheteur) d'exiger la livraison de son agent de
» change ou (s'il est vendeur), celui de l'obliger à recevoir
» les titres. Pour que ces droits n'existent pas, il faut qu'il
» n'y ait que l'apparence d'un marché à terme (1). » Dans ces conditions, en se tenant dans les limites des termes qu'elle venait d'adopter, la Commission croyait avoir complètement remédié au mal ; elle mettait un terme aux tergiversations de la jurisprudence en indiquant ce qu'elle entendait par marché sérieux, et elle permettait aux tribunaux de punir les marchés fictifs ne constituant que de véritables jeux : la seule qualification de marché à terme ne suffisait plus pour les couvrir, les juges pouvaient étudier leur nature et découvrir le véritable caractère du marché.

(1) S. préc. 1885 « L. Ann. », p. 770, 2° col.

Mais, comment arriver à cette certitude ? Par quels moyens de preuve ? La Commission était d'avis de s'en rapporter au droit commun et de s'en tenir aux principes de l'article 1353 du Code civil. Il faut donc que les présomptions sur lesquelles s'appuient les juges soient graves, précises et concordantes, tout en laissant aux juges la plus grande liberté pour le choix de ces présomptions. Ces preuves de toute nature, ajoute l'article, seront admises lorsque l'acte sera attaqué pour dol ou fraude. L'article 1965, tout en restant en vigueur, était donc restreint dans son application. Il y eut, à propos de l'application de cet article 1965, une communication de la Chambre syndicale des grains, farines et huiles. Quoique les marchés sur marchandises ne fassent pas l'objet de cette étude, il est intéressant de la rapporter en quelques mots, pour montrer l'idée poursuivie par les membres de la Commission.

Invoquant les immenses services rendus par les marchés à livrer portant sur ces denrées, cette Chambre syndicale demandait l'application la plus large, la plus générale pour elle de la légalité des marchés à terme ; elle demandait que l'application de l'exception de jeu fut complètement abolie et que « l'article 1965 fut inapplicable aux opérations ayant » pour objet l'achat et la vente à terme des valeurs de » Bourses et de marchandises, alors même que le marché » se résoudrait par une compensation ou par le paiement » de différences (1). » La commission ne voulut pas se départir, même exceptionnellement, du grand principe qu'elle avait posé. Il fallait qu'au début, à l'origine du marché, les parties aient eu l'intention ferme de réaliser le marché sans s'occuper des résultats définitifs du marché qui pouvaient varier avec les évènements. Peu importait,

---

(1) S. préc. « L. Ann. », 1885, p. 770, 1ʳᵉ col.

comme nous l'avons dit, que le marché se terminât par un règlement de différences, pourvu que les contractants, le jour du contrat, aient voulu un paiement total et une livraison entière. Or, la note communiquée par la Chambre syndicale ne faisait aucune allusion à ce principe.

La phrase que la commission défendait ainsi avec tant de vigueur fut complètement modifiée, lorsque le rapport fut présenté pour la première fois à la Chambre des Députés. Ces mots « lorsque l'acheteur a le droit d'exiger la livraison, ou lorsque le vendeur aura le droit de l'imposer » disparurent. C'était, disait-on, une porte ouverte aux nouvelles interprétations de la jurisprudence. Il s'agirait en effet, lorsque le marché serait attaqué devant les Tribunaux, de prouver qu'il était sérieux ou fictif, en arguant de ce qu'au moment de la formation du contrat, l'idée des parties n'avait pas été de conférer ce droit de réclamer la livraison, mais uniquement celui de ne réclamer que les différences.

Et non seulement on s'exposait à retomber dans l'arbitraire de la jurisprudence, mais encore qui devait faire la preuve de la réalité du marché ? Ce n'était plus, comme sous l'ancienne législation, à celui qui se retranchait derrière l'exception de jeu à prouver qu'on ne lui réclamait que le résultat d'un véritable pari, c'était à celui qui poursuivait, qui réclamait la réalisation du marché, à démontrer que la spéculation était sérieuse et que, lors de la formation du contrat, les parties avaient voulu lui donner son plein et entier effet. La preuve était donc complètement retournée et on l'on marchait à l'encontre de ce principe énoncé dans le Code civil, à l'article 1315, que « celui qui se prétend libéré doit justifier le paiement ou le fait qui a produit l'extinction de l'obligation ». Les membres de la commission parlementaire s'aperçurent du danger de cette rédaction ainsi présentée, mais une série d'observations signées de commissionnaires, courtiers et négociants vinrent corroborer ces craintes. Ces observations furent consignées dans le rapport de M. Naquet. Il fallait donc donc réformer cette phrase et retourner la preuve, en la laissant à celui qui invoquerait l'exception de jeu pour se dérober à ses obligations, et élargir encore, si possible, la légalité des marchés à terme. La phrase qui fut admise par la commission et qui fut adoptée par la Chambre des députés fut ainsi rédigée : « Nul ne peut, pour se soustraire » aux obligations qui en résultent, se prévaloir de l'article » 1965 *lors même que ces marchés devraient* se résoudre par » par le simple paiement d'une différence ».

Lorsque le projet fut porté au Sénat, on apporta une nouvelle modification au texte de ce paragraphe, les mots : « devraient se résoudre », qui avaient été l'objet d'aussi longues discussions furent à leur tour remplacés par « se résoudraient. » Avec cette formule, ainsi que le disait M. Naquet dans son rapport, on évitait l'écueil du renversement de la preuve. Le marché à terme se produit d'une façon sérieuse, à la suite de circonstances ultérieures, il se règle par des différences : ce spéculateur qui invoque la réalité du marché, pour se faire payer la différence, ne sera pas forcé de fournir la preuve de cette réalité ; c'est à celui qui se défend par l'exception de l'article 1965 à prouver qu'il n'y avait que jeu ou pari.

Mais le texte proposé par la Chambre paraissait, suivant l'avis du Sénat, avoir dépassé le but visé. En effet, les mots « devraient se résoudre », déclaraient légaux, comme disait le rapport de M. Naquet, non-seulement les marchés à terme réels mais encore « certaines conventions nouvelles » inconnues jusqu'ici, innommées que l'on ne saurait assi-

» miler à un marché et par lesquelles, au moment même
» de la transaction, les parties s'engageraient par écrit à ne
» pas exiger la livraison, à ne pas l'imposer et à résoudre
» l'opération par le simple paiement d'une différence. » Il
est certain que le législateur ne pouvait protéger et défendre
de pareilles conventions et il ne pouvait, d'un autre côté, les
frapper d'une condamnation générale. Pour ces marchés à
terme, conclus dans ces conditions, la Commission du
Sénat laissa à la jurisprudence le droit de juger s'ils constituaient des marchés sérieux ou fictifs. La Commission du
Sénat remplaça les mots « devraient se résoudre », par « se
résoudraient », voulant ainsi faire admettre une présomption légale en faveur des marchés à terme en général ;
mais pour ceux qui à l'origine étaient accompagnés d'une
convention écrite portant que la livraison ne pourrait être
ni réclamée, ni imposée, le législateur voulait les laisser à
l'appréciation libre des tribunaux qui, s'appuyant sur les
caractères de ces marchés et sur les circonstances dans
lesquelles ils ont été conclus, décideront de leur validité.

Cette rédaction ne passa qu'à travers une série de longues
discussions. Ses adversaires voulaient malgré tout conserver la première rédaction admise et votée par la Chambre
des Députés ; ils trouvaient qu'en modifiant les premiers
termes, « alors qu'ils devraient se résoudre », on retardait
une loi dont la nécessité se faisait sentir depuis longtemps,
qu'en laissant de nouveau, à l'appréciation des tribunaux, le
rôle de décider, en certains cas, s'il y avait marché réel ou
fictif, on s'exposait à voir reparaître les anciennes indécisions de la jurisprudence, que la rédaction de la Commission
de la Chambre était plus nette et plus générale que celle
admise par le Sénat. Enfin, à l'argumentation de ceux qui
ne pouvaient pas admettre que le législateur protégeât des

opérations qui n'étaient que de véritables jeux, puisqu'ils ne s'exécutaient que par le paiement de différences, ils répondaient qu'un spéculateur pouvait faire des opérations sérieuses et en réalité très utiles au commerce, tout en convenant au début de son marché qu'il n'aurait qu'à payer les différences. L'utilité de cette convention pouvait être considérable ; pour le spéculateur à la hausse, s'il a acheté des valeurs livrables à terme au cours du jour de l'opération, il n'aura, même si ses calculs sont déjoués, qu'à fournir une somme d'argent, mais pour le spéculateur à la baisse, son rôle consiste à vendre des valeurs livrables à terme ; si la hausse se produit et s'il n'a pas pris soin de faire la convention sus-indiquée, de prévenir son acheteur qu'il aura la possibilité de ne solder que la différence des prix, on pourra le forcer à livrer des valeurs et si ces valeurs ont été accaparées, si toutes se trouvent dans les mêmes mains, il se verra dans la nécessité de passer par les conditions exagérées des accapareurs.

Cette modification fut aussi fortement critiquée dans un article publié par M. Lyon-Caen, le 4 mars 1885, dans le journal *La Loi*. « La Chambre des Députés, disait-il,
» comprenant la nécessité d'une solution nette et précise,
» avait adopté un système absolu : elle voulait que par
» cela seul qu'une opération est faite dans les formes du
» marché à terme ou à livrer, l'exception de jeu fut inad-
» missible, alors même que la volonté des parties ont été
» au moment de l'opération de ne jamais exécuter la vente
» apparente, mais seulement de payer des différences. Il
» n'en est plus de même avec la modification apportée par
» le Sénat et la substitution des mots « devraient se ré-
» soudre » par « se résoudraient ». L'exception de jeu n'est
» exclue que dans le cas où le paiement d'une différence

» est un simple fait, ne tenant pas à ce que les parties
» n'ont jamais voulu faire un marché sérieux ; quant aux
» opérations dans lesquelles les parties ne veulent ni exi-
» ger la livraison, ni l'imposer, ce ne sont pas des marchés
» et la loi nouvelle ne s'y applique pas. En résumé, le
» projet tel qu'il est sorti des délibérations du Sénat,
» exclut bien l'exception de jeu quand le marché, sérieux
» à l'origine, se résout pourtant par le paiement des diffé-
» rences. Il laisse, au contraire, aux tribunaux la faculté de
» l'admettre quand ils jugent, d'après les circonstances,
» qu'il y a eu dès l'origine volonté de ne pas arriver à une
» livraison effective. Le projet du Sénat est donc sur ce
» point purement et simplement la confirmation de la juris-
» prudence actuelle. Il laisse la porte ouverte à l'exception
» de jeu dans les mêmes cas où elle est admise actuelle-
» ment par les tribunaux. »

Malgré ces critiques, lorsqu'après le vote du Sénat, la proposition revint avec ses termes modifiés devant la Chambre des députés, M. Penlevey, le rapporteur (1), fut d'avis que la différence que l'on voulait voir entre les deux textes n'existait pas réellement et que « la rédaction adoptée » par le Sénat avait exactement le même sens et la même » portée que celle adoptée par la Chambre ». Il n'y a qu'un seul point sur lequel tout le monde est d'accord, c'est qu'un marché qui serait rédigé sous la forme d'un pari n'est pas le marché à terme ou à livrer que la loi nouvelle a pour but de protéger. La seule pensée que pouvait avoir la Chambre des Députés, qui dominait dans le rapport présenté au Sénat, était qu'il fallait mettre fin aux interprétations de la jurisprudence; cette pensée était exprimée formellement dans ces termes : « Nul ne peut se prévaloir

(1) Rapport de M. Penlevey, Ch. des députés. S. « L. ann. », 1885, p 771, 3ᵉ col.

de l'article 1965 », elle constitue une présomption *juris et de jure* que le marché à terme est sérieux et que nulle preuve n'est admise contre lui. Et le rapporteur ajoutait que le Sénat n'avait voulu prohiber qu'une sorte de marché, qui en en réalité n'était qu'un véritable jeu, prenant la forme du marché à terme, c'était celui où les parties convenaient par écrit, au moment de la formation du marché, que ni l'acheteur ni le vendeur ne pourraient réclamer que des différences : c'était ce que disait M. Naquet dans son rapport devant la Commission au Sénat. « La Commission sénatoriale a craint qu'avec la rédaction adoptée par la Chambre des Députés, on arrivât à valider non-seulement les vrais marchés, mais encore des conventions nouvelles inconnues, jusqu'ici innommées, que l'on ne saurait assimiler à un marché et par lesquelles les parties s'engageraient par écrit, au moment même de la transaction à ne pas exiger la livraison, à ne pas l'imposer et à résoudre l'opération par un simple paiement de différences (1).

Ce texte fut adopté par la Chambre des députés et inséré dans la loi de 1885. La grande majorité des auteurs critiquaient les nombreuses discussions auxquelles avait donné lieu ce texte (2); d'après eux, le but de la loi était complètement atteint : pour faire cesser l'état de choses résultant de la loi de 1724 et des anciens arrêts de 1785 et 1786, le législateur avait voulu établir d'une façon générale la légalité de tous les marchés à terme, même lorsqu'ils se résoudraient par un paiement de différences. Il établit donc en leur faveur une *présomption légale* contre laquelle aucune preuve n'est possible. (Montpellier. 7 mars 1885. J. la Loi du 20 mai 1885. — Paris, 5 juin 1885. Le Droit, 15 et 16 juin

---

(1) S. « L. ann. », 1885, p. 771, 1ʳᵉ col.
(2) Art. de M. Sarrut, J. la Loi, 24 avril 1885.

1885. — Paris, 19 juin 1885. Gaz. des Tribunaux, 25 juin 1885. S. 86. 2. 1. — Trib. Seine, 1er décembre 1888. — Trib. comm. Seine, 14 mars 1889. — Lyon. 19 juin 1889. Droit 89, p. 14, 185, 448).

Le rapport de M. Naquet, dit « Le changement de rédaction n'a aucune portée : le projet de loi admet en réalité une *présomption légale*, en vertu de laquelle une opération se produisant sous la forme d'un marché à terme ou à livrer, sera réputée vente sérieuse et non un pari sur les variations de cours ». Mais, puisque l'article 1965 n'est pas abrogé, il faut bien admettre qu'il y ait des cas où l'on puisse l'invoquer : c'est lorsque l'opération démontrera par elle-même, par des écrits, par la correspondance, qui ont accompagnée sa formation, qu'elle n'était qu'un véritable jeu ou pari. Autrement, la présomption légale subsiste, et cette présomption sera même augmentée, si le marché à terme est fait par l'intermédiaire d'un agent de change (Buchère et Labbé précités).

Mais l'exception de jeu n'est écartée que pour les marchés à terme. La loi autorise implicitement cette exception, lorsqu'en fait, il n'y aura pas eu réellement marché. A cet égard, il appartient au juge d'aller au fond des choses et de ne pas s'en tenir à la qualification de l'acte, c'est-à-dire à l'apparence, et de décider qu'une opération de bourse, lorsqu'elle revêtirait la forme d'un marché à terme, ne serait pas par le fait même valable.

M. Sarrut, écrivait dans le journal *La Loi*, du 24 Avril 1884 : « que le législateur aurait pu décider une limitation » pour le pouvoir du juge et ne l'autoriser à constater une » fausse opération, que lorsqu'il y aurait un acte écrit ». Il ne l'a pas fait et, malgré les termes du rapport de M. Naquet, les expressions qu'il y employait ne se retrouvent point dans la loi. Le juge a donc, suivant cet auteur, le droit d'exercer sans entraves son appréciation. Cette opinion qui nécessitait un acte écrit pour l'application de l'exception de jeu, avait été appuyée par une étude de M. Badon Pascal (Loi, 20 et 21 avril 1885), où il disait que les marchés à terme, si les parties ont fait une convention écrite de ne pas livrer la valeur, deviennent alors une opération innommée, inconnue tout à fait en dehors des prévisions de la loi. Et dans un sens complètement opposé, M. Rendu (France judiciaire, 1885, 1re partie p. 203). dit qu'il faut s'en rapporter uniquement à la forme du marché. L'exception de jeu n'est applicable que dans le cas où l'opération aurait la forme d'un pari.

Deux propositions apparurent alors pour fixer les limites dans lesquelles les tribunaux devaient reconnaître un véritable jeu. Dans l'une, on posait le principe que l'exception de jeu serait écartée pour toutes les opérations conclues par les agents de change, et dans la forme et les conditions prescrites par les règlements faits ou à faire. D'après l'autre opinion, la légalité s'imposerait pour toutes les opérations faites conformément aux règlements, sans qu'il y eut à s'occuper de la qualité des intermédiaires.

Ces propositions furent successivement repoussées. On eut peur de créer un nouveau monopole en faveur des agents de change, d'autant plus qu'une opération peut être très sérieuse et ne pas s'exécuter par leur intermédiaire ; les raisons de moralité, de sécurité ne dépendent pas de l'intervention de ces officiers ministériels, et un grand nombre d'opérations sérieuses sont faites par des agents non officiels. La jurisprudence condamne bien les opérations faites par les coulissiers, les frappe de nullité, leur refuse en conséquence toute action en justice pour leur exécution, mais cette nullité prononcée ne résulte aucunement de l'exception de jeu : l'opération est nulle, parce qu'elle est faite pour des valeurs rentrant dans le monopole des agents de change, ces opérations constituent une atteinte aux fonctions publiques. Au contraire, ces marchés deviennent valables lorsqu'ils s'opèrent par l'intermédiaire des coulissiers, mais sur des valeurs non cotées en Bourse.

Pour la question de forme, comme elle dépend des règlements et que ceux-ci sont extrêmement variables, que ces règlements ne peuvent exister que pour les marchés conclus par les agents de change, sans pouvoir s'appliquer aux autres, il est absolument impossible de la prendre comme point d'appui et d'en faire dépendre la validité d'un marché. On ne donna donc aucune suite à ces deux propositions. Le texte de l'article 1er resta tel qu'il avait été modifié par la Commission du Sénat, sans commentaire, laissant liberté entière à toute appréciation des tribunaux. Nous verrons, en étudiant les jeux de Bourse et la jurisprudence, qu'elle a été, en définitive, l'application judiciaire de la loi.

La déclaration de la légalité des marchés à terme devait entraîner, suivant le rapport, l'abolition des articles 421 et 422 du Code pénal, c'est ce que fit l'article 2 de la loi de 1885. « Les articles 421 et 422 du Code pénal sont abrogés ». Cette abrogation n'était pas à vrai dire indispensable, puisqu'on laissait subsister l'application de l'article 1965 du Code civil, mais si le législateur voulait, pour punir le joueur, lui refuser toute action en justice, il ne voulait pas aller jusqu'à considérer ses opérations comme des délits. Le rapporteur disait (1). « En général, si la loi refuse l'action
» en justice pour l'exécution des jeux et paris, du moins elle
» ne les punit pas comme les délits ; aucune bonne raison

---

(1) Rapport de la Comm. extra parlem. S. « L. ann. », 1885, p. 773, 1re col.

» ne peut être donnée pour justifier ces articles du Code
» pénal. On serait tenté sans doute de les croire fondés sur
» des motifs de moralité. Il n'en est rien ». L'expression
employée par le rapporteur est peut être exagérée, c'était, en
se basant sur la défense des intérêts publics et pour punir
l'immoralité de certaines spéculations à outrance, que le
législateur avait écrit ces deux articles, mais depuis lors,
leur application était devenue impossible. L'article 422
permettait de condamner et punir tout marché à terme et
dès lors il était en contradiction avec les dispositions de la
loi nouvelle; de plus ces dispositions légales ne frappaient
que les opérations sur les effets publics et non celles qui ont
pour objet les autres valeurs de Bourses devenues si
nombreuses (Paris, 1er juin 1843, S. 43. 2. 277). Ils ne
parlaient en outre que des spéculateurs à la baisse « des
vendeurs d'effets publics ». Ces spéculateurs à la baisse
avaient toujours été regardés avec défaveur : on les accusait
de vouloir provoquer la baisse sur les effets publics et de
jeter ainsi la dépréciation sur les valeurs d'Etat, de spéculer
sur les malheurs du pays. Ces motifs étaient suffisants pour
faire tomber les articles 421 et 422 en désuétude. on ne les
appliquait plus depuis longtemps et la loi de 1885, vint les
abroger.

L'article 3 de la loi ajoutait : « Sont abrogées les dispo-
» sitions des anciens arrêts du Conseil des 24 septembre
» 1724, 7 août, 2 octobre 1785, 22 septembre 1786 — l'ar-
» ticle 15, chapitre Ier, l'article 4, chapitre II de la loi du
» 28 vendémiaire an IV, les articles 85, § 3 et 86 du Code
» de commerce. » Les lois anciennes avaient eu pour but
de réprimer le plus possible l'agiotage et elles portaient la
suspicion sur tous les marchés à terme, leur maintien
aurait contredit les termes mêmes de la loi de 1885. L'art. 85,

§ 3 et 86 du Code de commerce étaient ainsi conçus :
« L'agent de change ne peut recevoir ni payer pour le
» compte de ses commettants. Il ne peut se rendre garant
» des marchés pour lesquels il s'entremet. » Or, pour les
marchés à terme, cet article était journellement violé, le
plus souvent, ces marchés se faisaient à découvert, sans
que l'agent ait entre les mains les sommes ou les valeurs.
Au moment de la liquidation, pour ne pas arrêter les opérations ou les retarder, il est dans ce cas absolument nécessaire que l'agent règle ou se porte garant. La nouvelle loi
et la légalité du marché à terme faisaient nécessairement
disparaître cette disposition.

Cette même raison fit également modifier l'article 4 et
l'article 13 de l'arrêté du 27 prairial an X. Cet article disait : « Chaque agent de change, devant avoir reçu de ses
» clients les effets qu'il vend et les sommes nécessaires pour
» payer ceux qu'il achète, est responsable de la livraison
» et du paiement de ce qu'il aura vendu et acheté, son cau-
» tionnement sera affecté à cette garantie et sera saisis-
» sable en cas de non consommation, dans l'intervalle
» d'une bourse à l'autre, sauf les délais nécessaires pour
» les transferts des rentes et autres effets publics dont la
» remise exige des formalités. »

Le projet de loi faisait figurer cet article dans les dispositions abrogées dans l'article 3, mais une abrogation complète dépassait le but proposé. Cet article 13 de l'arrêté de
l'an X était le seul qui parlât de responsabilité des agents
de change envers les tiers ; il eut été dangereux de le faire
disparaître complètement.

Mais, tout en gardant ce principe de responsabilité, on
ne pouvait conserver les termes de l'article disant que
l'agent « devait avoir reçu de ses clients les effets qu'il

vend ou les sommes nécessaires ». Or, cette manière de procéder peut être indispensable pour les marchés à terme, parfois même pour les marchés au comptant, lorsque des ordres sont donnés de départements ou pays éloignés : de plus elle devenait légale aux termes de la loi de 1885. On a trouvé juste de laisser à l'expérience et à la confiance de chaque agent la liberté complète de se déterminer en courant les risques de son opération. La Commission proposa donc à la Chambre, non pas d'abroger cet article, mais de le modifier en supprimant ces mots « devant avoir reçu de ses clients les effets ou les sommes ». L'article était donc ainsi rédigé : « Chaque agent de change est responsable de
» la livraison et du paiement de ce qu'il aura vendu ou
» acheté. Son cautionnement sera affecté à cette garantie et
» sera saisissable en cas de non consommation d'une
» bourse à l'autre, sauf le délai nécessaire au transfert... »
Cette sanction rigoureuse, qui, pour un simple retard faisait encourir la saisie du cautionnement, n'était jamais appliquée et cette sanction, d'ailleurs, était reproduite dans le règlement des agents de change alors en vigueur et qui devait être la base d'un nouveau règlement. La Commission du Sénat proposa donc, en s'appuyant sur la rigueur de cette sanction, de supprimer lesmots « et sera saisissable ». Cette modification fut adoptée.

Enfin l'article 5 annonce qu'il sera fait réglement d'administration publique sur les négociations de valeurs de Bourse. La peur d'avoir à se prononcer sur la question litigieuse des marchés à terme, avait fait négliger ce règlement prévu par l'article 90 du Code de commerce. Les opérations de Bourse jusqu'alors n'avaient été régies que par le réglement des agents de change, accepté par tous, mais qui ne pouvait avoir de force légale que pour ces officiers ministériels, résidant à Paris. Depuis la reconnaissance de la légalité, rien n'arrêtait plus le législateur pour la rédaction d'un règlement dont la nécessité se faisait sentir. Ce décret fut préparé par une commission extra-parlementaire et soumis à l'examen du Conseil d'Etat. C'est le décret que nous avons déjà cité, du 7 octobre 1890.

Le projet du gouvernement se terminait par un article ainsi conçu : « Les dispositions de l'article 419 du Code pénal sont applicables aux effets autres que les effets publics ; cet article dont nous avons vu le texte plus haut, avait pour but principal de punir les manœuvres frauduleuses tendant à faire varier les cours. mais il ne parle que des effets publics et marchandises. La jurisprudence avait appliqué cette énumération dans un sens restrictif » (Arrêt Cour de Paris, 1er juin 1843, S. 43-2-277), et avait considéré les manœuvres frauduleuses d'agiotage sur les effets non publics, comme les actions de Société, comme n'étant pas punissables. Mais si la loi nouvelle donnait la plus grande liberté possible aux transactions, il fallait aussi réprimer les abus et punir les manœuvres frauduleuses. Lorsque ce projet fut soumis à la Commission du Sénat. l'on fit remarquer que cet article 419 contenait d'autres dispositions que celles que nous venons de citer. S'il était juste de réprimer l'agiotage, il était impossible, avec l'organisation actuelle de notre marché, de défendre la réunion de plusieurs détenteurs de même marchandise, et de supprimer ainsi une foule de syndicats. Le mieux était de laisser l'article 419 dans l'oubli où il était tombé. Cet article 419. s'il avait été dans une nouvelle loi, aurait peut-être repris par le fait même, force et vigueur si une partie de la jurisprudence l'entendait dans un sens restrictif. (Paris, 1843, 1er juin cité plus), un grand nombre de tribunaux avaient voulu voir dans le mot « marchandises », la compréhension la plus complète de toutes les valeurs de Bourse. Cette théorie fut consacrée en 1883 par un arrêt de la Cour de Paris du 9 mai. (S. 83. 2. 97,). dans l'affaire de l' « Union Générale. » Et cette opinion était à cette époque considérée comme si conforme à l'esprit du législateur que ce point ne fut même pas critiqué par les adversaires et qu'il n'est pas relevé dans l'arrêt de la Cour de cassation du 23 juin 1883. (S. 83. 1. 128). Le Sénat supprima donc l'article 6 de la loi comptant sur l'immutabilité de la jurisprudence qui ne l'appliquait pas. (Cass. 3 février 1885, 30 juillet 1885, Gaz. des Trib., 8 août 1885. S. 85. 1. 514).

La loi nouvelle ne résoud pas la question de savoir si elle doit avoir *un effet rétroactif* (1), si elle doit s'appliquer aux marchés antérieurs à sa promulgation. Dès l'apparition de la loi, voyant le silence du législateur à ce sujet, les auteurs et la jurisprudence avaient donné libre cours à leurs discussions. Les uns critiquant l'ancienne jurisprudence voulaient voir dans la nouvelle loi, non seulement un progrès législatif, mais encore une réprobation à l'ancienne interprétation. Les autres ne voulaient donner d'effet à la nouvelle loi qu'à partir du jour de sa promulgation.

Cette question n'a plus aujourd'hui qu'un intérêt historique, mais elle donna lieu dans les premières années qui suivirent son vote à de nombreuses discussions théoriques, à des décisions judiciaires. Certains tribunaux admettaient la rétroactivité. Paris, 6 juin 1885 aff. Pompay c. Rousseau (Droit du 16 juin 1885. D. P. 85. 2. 251). Paris, 19 juin 1885, Trottin c. Malençon (Gaz. des Trib., 25 juin 1885). — Plusieurs Cours d'appel avaient admis le contraire et s'étaient déclarées pour la rétroactivité (Dijon, 24 avril 1885, aff.

---

(1) Buchère, n° 481. Lyon-Caen et Renault, t. IV, n° 983.

Raclot c. Lévy et Seligman, 3ᵐᵉ ch. 25 avril 1885 (Loi du 13 mai 1885). — Montpellier; 7 mai 1885, aff. Lignière c. Voisse (Loi du 20 mai 1885). — Lyon, 4 juin 1885, liquid. Jacquet-Dumont (Gaz des Trib., 26 juin 1885). — Nancy, 25 juillet 1885, liq. Levy Bling c. Lemoine (Loi du 27 et 28 juillet 1885). Cette dernière théorie avait définitivement été sanctionnée par un arrêt de la Cour de cassation, 18 avril 1887 (S. 87. 1. 157. D. 86. 1. 153. — Pand. Fr. 87. 1. 109) et Cass., 12 juillet 1888 (S. 91. 1. 71).

Il est intéressant, au point de vue juridique, d'étudier les raisons qui ont été invoquées par les deux parties à l'appui de leur thèse.

La loi de 1885 apportait des réformes à l'ancienne législation à deux points de vue : au point de vue du Droit civil, au point de vue du Droit pénal. Pour le Droit pénal, il n'y avait aucune difficulté, la nouvelle loi apportait un adoucissement, une suppression de peine, il y avait donc nécessairement rétroactivité. Il est de principe, en effet, que les lois pénales rétroagissent « in mitius », une loi nouvelle plus favorable à l'accusé doit toujours rétroagir (Rolland de Villargues, Code pénal, art. 5, n° 9. — Ortolan, Elém. de Droit pénal, n° 586. — Chauveau Hélie, t. 1. n° 27, p. 36. — Aubry et Rau, t. 1, p. 61, § 30). L'abrogation des articles 421 et 422 Code pénal devait affranchir de toute poursuite, même les spéculateurs coupables d'avoir joué à la baisse sur les effets publics, même antérieurement à la nouvelle loi.

Mais, pour le Droit civil, pour la légalité des marchés à terme et l'application de l'article 1965, la discussion est beaucoup plus vive.

Les partisans de la rétroactivité de la loi, disaient d'abord que la loi du 28 mars était une *loi interprétative* et qui, par conséquent, devait s'appliquer aux faits antérieurs. La loi interprétative fait corps avec la loi dont elle veut fixer le sens, et la question de rétroactivité ne se pose même pas. Cass., 12 octobre 1808. — 20 décembre 1843 (S. 44. 1. 13. P. 44. 1. 166). Cela fut jugé en particulier pour la loi du 21 juin 1843 : interprétation de la loi du 25 vent., an IX, sur le notariat.

Mais, en général, une loi n'est guère purement interprétative ; malgré tout le législateur peut lui donner cette nuance à sa volonté : dans une matière sur laquelle il n'y avait pas de jurisprudence constante, la loi nouvelle qui intervient est réputée interprétative de la règle d'équité antérieure et son application aux cas qui sont jugés après sa publication n'est pas ce qu'on appelle un effet rétroactif (Lyon, 25. mars 1820. S. chr.). Mais s'il est vrai que la loi nouvelle soit réputée interprétative dans le cas où la jurisprudence est douteuse et incertaine, il n'en est pas de même dans le cas où la jurisprudence est fixée et certaine. En un tel cas, la loi nouvelle est innovative relativement à la loi ancienne et ne règle par conséquent que les cas nouveaux, en vertu de la règle qui prohibe tout effet rétroactif. (Cass., 20 juin 1827. S. 27. 1. 284). Il serait inutile d'établir une loi simplement interprétative pour consolider une jurisprudence fixement établie et il serait même dangereux d'établir une telle loi en face d'une jurisprudence fixe pour la renverser.

Or, pour la loi de 1885, elle n'a pas revêtu complètement une forme interprétative. Si les partisans de la rétroactivité de cette loi veulent, pour chercher un argument à leur théorie, rechercher une controverse que le législateur a voulu trancher, ils ne peuvent la trouver tout au plus que dans la doctrine : la jurisprudence était constante. Après avoir passé par des phases bien différentes et soutenu des systèmes diamétralement opposés, depuis 1848 et 1850 ces cours avaient unanimement adopté le même système : la condamnation des marchés à terme qui se règlent ou doivent se régler uniquement par des différences. Or, c'est cette jurisprudence établie sans controverse que le législateur a voulu faire disparaître. Il a donc, non pas interprété, mais substitué une loi à cette jurisprudence qu'il regardait comme funeste : il avait suivi de cette façon un mouvement économique qui avait fait déjà son apparition dans les pays voisins.

Enfin, suivant M. Labbé (1), un des principaux motifs de l'intervention du législateur, qui prouve qu'on ne voulait pas interpréter les anciennes lois et la jurisprudence, mais les renverser, c'était l'abrogation de l'article 422 du Code pénal, dans le texte de la loi. Cet article, en effet, ne déterminait pas seulement le champ d'application de l'article 421 et de la peine édictée, il avait, en réputant paris certains marchés, une influence sur le Droit civil. Il autorisait les juges à étendre l'article 1965 du Code civil, à des spéculations qui ne sont pas de véritables paris. Il était le fondement le plus solide de la jurisprudence. « Marchés destinés à se résoudre par le paiement de différences », pouvait être considéré comme une traduction hardie, mais intelligente, de « convention de livrer des effets qui seront prouvés n'avoir pas dû exister au mains du vendeur au temps de la livraison ». Et les tribunaux généralisaient une disposition spéciale aux effets publics. Le législateur abrogea cet article 422 pour renverser la jurisprudence : or, une loi qui ne peut arriver à ses fins que par une abrogation n'est certes pas interprétative.

(1) Note de Labbé, sous S., 1886. 2. 1.

Un second argument, invoqué par les partisans de la rétroactivité de la loi, est que la loi sur les marchés à terme de 1885 est une loi *d'ordre public* et, comme telle, doit rétroagir. L'on s'appuie de nouveau sur les articles du Code pénal supprimés par le législateur. Ces articles ne réprimaient que les ventes d'effets dont les vendeurs n'avaient pas la possession, c'est-à-dire les opérations à la baisse, les ventes à découvert. De plus, ces articles ne visaient que les effets publics : les ventes d'effets publics, dont les vendeurs n'ont pas la possession. Ce n'était donc pas les intérêts privés que le législateur du Code pénal avait voulu garantir, mais bien les intérêts généraux du crédit de la Nation.

On a répondu à cette argumentation que si l'article 422 était d'ordre public, la loi de 1885 était venue uniquement remettre la question sur le terrain du droit commun. Cette loi abandonne le souci de l'ordre et du crédit public, elle fait prévaloir les règles tracées pour les intérêts privés. De plus, il est peut-être admissible qu'une idée d'ordre public ait poussé le législateur à faire cette loi de 1885, c'est l'idée de rendre le marché libre et d'enlever ainsi les entraves qui gênaient les négociateurs : si les spéculateurs à outrance jettent le trouble sur le marché, le meilleur moyen de les éviter, c'est de les laisser sous la menace de l'exécution forcée.

Mais l'on pouvait faire une objection à cette réponse : Si la loi de 1885 est une loi d'intérêt privé, la loi ancienne n'en reste pas moins une loi d'ordre public, et la question est peut-être reculée, mais non pas complètement disparue. Les particuliers ont-ils acquis des droits sur l'ancienne législation : droits que la nouvelle loi devra respecter, ou bien n'ont-ils aucun droit ?

Il faut étudier le sens que présente l'expression assez équivoque de lois « d'ordre public », il faut faire avant tout une distinction. Il y a des lois qui statuent sur des matières d'ordre public, sur des matières qui se réfèrent directement à l'organisation sociale, comme les fonctions publiques, les juridictions : ces lois ont un effet rétroactif. Elles ne rencontrent chez les particuliers aucun droit acquis à maintenir. Mais il y a, par contre, des lois qui statuent sur des matières d'intérêt privé, sur les rapports des particuliers entre eux, mais pour des motifs d'ordre public, et en poursuivant le but de prospérité sociale. Ces lois tombent sous le principe de la non rétroactivité. Leur objet n'appartient pas complètement à la volonté du législateur. Les individus peuvent avoir et faire valoir des droits acquis. Sans cette distinction, le grand principe général de la « non rétroactivité des lois serait considérablement amoindri, car il y a très peu de lois qui par leurs motifs ne se rattachent pas à des vues d'intérêt général et de prospérité publique. La loi de 1885 est peut-être inspirée par des intérêts d'or. re public, mais ce qu'elle résoud ce sont des intérêts privés : elle entre, par conséquent, dans la seconde catégorie et tombe sous le coup de l'article 2 du Code civil. Mais cette distinction est bien délicate et dans la plupart des cas où le législateur, poussé par un intérêt moral, règle des intérêts particuliers dans des matières semi-publiques comme l'état et la capacité des personnes, quoique l'ordre public soit plus engagé que l'intérêt des particuliers, ces lois ne rétroagissent pas et respectent les situations acquises.

C'est, en effet, le respect des droits acquis qui forme la véritable distinction de la loi ; le principe suivant lequel se règle la rétroactivité est qu'une loi ne rétroagit pas lorsqu'elle rencontre chez un particulier des droits acquis, des attentes sérieuses. C'est sur ce terrain et dans ces conditions que se présente la véritable discussion de la rétroactivité de la loi de 1885.

Ceux qui veulent admettre la rétroactivité disent que jamais un joueur n'a de droit acquis à nier ses engagements, à ne pas remplir ses obligations. Autrefois, sous l'ancienne jurisprudence, le législateur ne niait pas le lien de droit qui unissait le spéculateur à l'agent de change et il n'a jamais prononcé la nullité des obligations découlant des marchés à terme, destinés à se liquider par des différences; puisqu'il approuvait les paiements effectués, mais il ne voulait pas que les tribunaux puissent s'occuper de ces questions. Or, en 1885, il décide que dorénavant ces questions pourront être portées devant les juges et il supprime en même temps leur assimilation avec le jeu et le pari. Cette dette qui existait, mais qui ne pouvait être admise en justice, peut actuellement faire l'objet d'un débat judiciaire. Le joueur qui, de mauvaise foi se retranchait derrière l'exception de jeu, sera obligé d'exécuter ses conventions ; mais peut-il invoquer, après la loi de 1885, l'exception qu'il avait l'intention de soulever au sujet de négociations antérieurement faites ? Il serait injuste, disent les partisans de la rétroactivité, de lui accorder cette faveur, il n'a aucun droit acquis à ne pas exécuter une obligation qui existait en droit, mais qui était regardée avec défaveur par le législateur.

Cette argumentation doit pourtant être combattue et l'on doit admettre, selon nous, la non-rétroactivité de la loi. Il faut, pour étudier les droits qui pourraient être acquis par des tiers, faire la distinction entre les marchés à terme sur fonds publics et les marchés sur valeurs ordinaires. Les marchés à terme sur fonds publics, tombent sous le coup de l'article 421 du Code pénal, ils sont évidemment nuls. Il n'est pas permis de commettre un délit. Or, pour ces marchés, il n'y a aucun droit acquis, non-seulement le législateur refusait une action aux parties, mais encore il les punissait. Pour les marchés à terme ordinaires, la jurisprudence invoquait l'article 1965, mais l'influence de l'article 421 du Code pénal se faisait sentir, ainsi que nous l'avons déjà montré, on les qualifiait d'actes illicites. Pour éviter la perturbation créée par de trop grands agiotages, on avait établi l'agent de change, comme maître responsable des marchés. Lorsque l'agent s'aperçoit que son client se livre à des excès de spéculation, lorsqu'il n'a en vue que des différences, quand il donne des ordres exagérés, il doit refuser son ministère et doit arrêter son client sur la pente de la ruine. Il le doit et il y est intéressé par le refus de toute action en justice. Le spéculateur, dans ce système, pouvait donc parler d'opérations illicites et nulles et, par conséquent, il peut parler d'un droit acquis à la nullité des actes. Quelles que soient les critiques que peut soulever un pareil système, c'était celui qui était admis par la jurisprudence (1). On se trouve, en effet, ou bien en présence d'un marché sur les valeurs publiques et le fait est punissable, d'où partant constitue un délit : il est illicite ; ou bien on se trouve en face d'un marché sur les valeurs ordinaires, devant un contrat où les deux parties n'ont pour but que de se faire payer des différences : ce contrat est nul et les parties ont un droit légitime acquis à en invoquer la nullité. Le législateur a regardé le perdant comme un malheureux, et le gagnant ou l'intermédiaire comme un coupable : il a établi pour protéger les intérêts du perdant, une nullité et ce dernier a un droit acquis à

(1) Buchère, n° 482.

l'invoquer. La logique nous amène à cette conclusion qui pourra paraître choquante et dont le joueur usera avec mauvaise foi : c'est celle qui fut admise, malgré tout, par la grande majorité de la doctrine et par la jurisprudence, dont nous avons cité les arrêts plus haut.

CHAPITRE III

Application de la Loi de 1885

Législation pénale — Législation civile.
Théorie de l'admissibilité de l'exception de jeu.
Théorie de la suppression de toute exception de jeu — Couverture.

La loi de 1885, après les nombreuses discussions auxquelles avait donné lieu sa rédaction, était définitivement votée : l'idée générale qui ressortait de la pensée qu'avait exprimée le législateur, était une présomption en faveur de la légalité qu'on avait voulu attacher aux marchés à terme. Ils ne devaient plus être assimilés au jeu et pari, lors même qu'ils se réalisent effectivement par le paiement de simples différences. En un mot, on retourne en faveur de ces opérations de bourse la présomption qui les frappait autrefois. Jadis ces marchés à terme étaient présumés illégaux, aujourd'hui, depuis 1885, ils sont présumés légaux et c'est à celui qui refuse l'éxécution, qui prétend se prévaloir de leur illégalité à prouver qu'ils ne constituent qu'une spéculation illicite, un simple pari sur la hausse et sur la baisse des valeurs. C'est le sens général que l'on attribue d'habitude à la loi de 1885 (1). Il est, en effet, difficile d'admettre que le législateur par le texte très général, il est vrai, de « tous marchés à terme », ait voulu couvrir ces opérations innommées, véritables jeux qui n'ont du marché à terme que la forme. Mais on a voulu voir aussi dans la généralité des termes de la loi de 1885, la volonté du législateur d'admettre toutes les fois qu'il se trouve en présence d'une opération de Bourse, ayant la forme d'un marché à terme, une présomption de légalité sans qu'on puisse admettre de preuve contraire (2). C'est en suivant tour à tour l'une ou l'autre de ces deux opinions que la jurisprudence a fait l'application de la loi de 1885.

Mais, avant de passer en revue cette jurisprudence et de voir quelle est, au point de vue du droit civil, la situation d'un spéculateur qui aurait fait en bourse un marché à terme fictif, il est utile d'étudier sa situation au point de vue pénal. Nous avons vu que le législateur, pour mettre un frein aux spéculations malhonnêtes, s'était efforcé de punir ces opérations dans plusieurs articles du Code pénal (3). Malheureusement les mesures prohibitives qu'il avait édictées étaient trop générales et, en voulant défendre les jeux de bourse, elles portaient atteinte aux marchés à terme sérieux. Avant 1885, non seulement les jeux et paris étaient prohibés, en ce sens que toute action en justice était refusée aux joueurs par l'article 1965 du Code civil pour le paiement des créances qui pouvaient résulter de ces opérations, mais avant la loi de 1885, les articles 421 et 422 du Code pénal contenaient à cet égard les dispositions suivantes, 421 : « Les paris qui auront été faits

---

(1) Buchère, n° 484-485. — Sarrut note dans Dalloz, 1885. 2. 121.
(2) Voir Thaller, p. 452, n° 803. — Lyon-Caen et Renault, t. IV, n° 983.
(3) Buchère, n° 615.

» sur la hausse ou la baisse des effets publics seront punis » des peines portées par l'article 419 », c'est-à-dire emprisonnement d'un mois au moins et d'un an au plus et d'une amende de cinq cents à dix mille francs. Et l'article 422 ajoutait « sera réputé pari de ce genre toute convention de » vendre ou de livrer des effets publics qui ne seraient pas » prouvés par le vendeur avoir existé à sa disposition au » moment de la convention ou avoir dû s'y trouver au » temps de la livraison ». L'article précédent 419 du même Code punit en outre les agioteurs qui cherchent à fausser les cours des valeurs de Bourse par de fausses nouvelles ou autres manœuvres et assurent ainsi leurs opérations.

Or, les articles 421 et 422, dont l'application était devenue si rare en pratique, ont été abrogés par la loi de 1885, et toutes les questions que l'on pouvait soulever autrefois à leur sujet ont perdu, par le fait même, leur importance : comme celle de savoir si les articles du Code pénal devaient s'appliquer à toute opération contenant un jeu, ou s'il fallait restreindre leur application aux actes du vendeur, faisant ses opérations de Bourse sans avoir des titres à sa disposition, au moment de la convention ou de la liquidation; comme la question de savoir quel est le degré de culpabilité de l'intermédiaire qui a titre d'agent de change ou de coulissier, a servi sciemment de mandataire dans ces opérations. Ces questions qui étaient très importantes avant la législation de 1885, n'ont plus gardé aujourd'hui qu'un intérêt historique.

Mais si les articles 421 et 422 du Code pénal ont aujourd'hui disparu, l'article 419 reste sans avoir été abrogé par aucune loi (1). Cet article prévoit et punit le délit spécial de fausses manœuvres et d'agiotage pouvant amener des

(1) Lyon-Caen et Renault, t. IV, n° 976 et suiv.

fluctuations dans les cours de Bourse. « Tous ceux qui, par
» des faits faux et calomnieux, semés à dessein dans le
» public, ou par des voies et moyens frauduleux quel-
» conques, auront opéré la hausse ou la baisse du prix des
» denrées ou marchandises, ou des papiers et effets publics
» au-dessus ou au-dessous des prix ou auront déterminé
» la concurrence naturelle et libre du commerce, seront
» punis d'un emprisonnement d'un mois au moins, d'un
» an au plus, et d'une amende de 500 à 10.000 francs. Les
» coupables pourront être mis, par l'arrêt ou le jugement,
» sous la surveillance de la haute police, pendant deux ans
» au moins et cinq ans au plus. »

Ce que le Code punit, c'est l'emploi de manœuvres frauduleuses, la publication de fausses nouvelles, les achats et ventes fictives qui ont réussi à changer le cours normal des valeurs. Il faut donc deux choses : la fraude, l'emploi intentionnel de ces moyens délictueux et, de plus, la réussite de ces moyens.

D'après le texte de l'article 419, nous voyons que la loi ne punit que la hausse ou la baisse arrivée frauduleusement sur les « papiers et effets publics » : Doit-on entendre cette délimitation d'une façon restrictive et laisser par conséquent impunie toute fraude ayant provoqué le changement de cours sur les obligations et valeurs particulières ? Si nous nous en tenons au texte de la loi pénale qui doit toujours être appliquée dans un sens restrictif, nous devons comprendre par « effets publics », les rentes sur l'État, les bons du Trésor, les actions de la Banque de France et de la Société du Crédit Foncier, les obligations de la ville de Paris, celles des autres villes et départements qui ont été autorisés à émettre directement les emprunts qu'ils ont contractés, les obligations foncières et communales émises par le Crédit Foncier et les titres d'emprunt des gouvernements étrangers. Mais il est impossible d'étendre l'application de cet article 419 à des titres, actions et obligations, émis par des sociétés industrielles particulières, alors même qu'ils auraient été lancés avec la garantie de l'Etat et que ces sociétés auraient été formées en vertu d'une concession accordée par le Gouvernement. On doit donc restreindre l'application de l'article 419 aux seuls effets publics : c'est l'application de la règle générale de l'interprétation des lois portant condamnation.

L'idée du législateur apparaît encore plus nettement lorsqu'on étudie la formation du projet du Code pénal. La rédaction de cet article 419, portait au lieu de ces mots « effets publics », les termes : « effets négociables de quelque nature qu'ils soient ». Lorsque le projet passa à l'examen du Conseil d'État, ces dernières expressions parurent trop vagues et M. Bégouen proposa, pour restreindre les pénalités, de remplacer ces mots par « effets publics ». Cette modification qui fut définitivement admise (Locré, t. XXXI, p. 42 et 65), est la meilleure preuve du sens restrictif, que l'on doit donner à cet article 419.

Le but que poursuit le législateur est en accord avec cette interprétation : il n'a voulu s'occuper que des choses qui touchent la généralité des citoyens ; le danger que présentait la spéculation frauduleuse, l'agiotage, sur les effets publics, était de beaucoup plus grand que celui que présentaient les manœuvres qui étaient employées dans les spéculations des valeurs privées. Les agioteurs touchaient d'un côté à l'ordre public et pouvaient jeter le trouble dans le crédit de l'État, ils ne pouvaient que jeter le désarroi dans les fortunes particulières dans le second cas. C'est ce que disait un arrêt du 1ᵉʳ juin 1843 (S. 1843. 2. 277) : « Attendu,

» disait cet arrêt, que dans l'article 419, le législateur n'a
» voulu s'occuper que des choses qui occupent la généralité
» des citoyens ; qu'il est évident que les actions dans les
» sociétés industrielles particulières, ne sont pas des papiers
» ou effets publics et qu'on ne saurait les considérer comme
» marchandises devant être protégées par l'article 419. »

Cette question se présenta de nouveau devant les Tribunaux, en 1883, au moment de l'affaire Bontoux et Féder, directeurs de la Banque l'Union Générale. Frappée sans doute par la ruine qu'avait amené l'agiotage dans cette affaire, la Cour a voulu appliquer l'article 419 aux manœuvres frauduleuses qui avaient produit une hausse fictive sur ces valeurs. Elle n'a pas jugé que les actions de cette banque privée étaient des effets publics, mais, laissant de côté cette première expression, elle a déclaré que le mot « marchandises », énoncé au même article, comprenait non seulement les choses corporelles, mais aussi les choses incorporelles du commerce, elle a donc fait entrer ces actions dans la classification de l'article 419 (Paris, 19 mars 1883. S. 83. 2. 97). L'affaire ne vint pas sur ce point devant la Cour de cassation, mais, en 1885, la Cour suprême fut saisie d'un pourvoi formé contre un arrêt du 3 juillet 1884, par les Directeurs de la « Société départementale des vidanges et engrais », condamnés par application de l'article 419. Par un arrêt du 30 juillet 1885 (S. 85. 1. 514), la Cour de cassation a cassé l'arrêt de la Cour de Paris, en revenant à la jurisprudence de 1843 précitée. Elle déclarait que les actions d'une banque ne peuvent être considérées comme des papiers et effets publics et, d'autre part, qu'on ne peut les regarder comme des marchandises.

Pendant que la Cour de cassation fixait ainsi la jurisprudence, la Chambre des députés et le Sénat discutaient la

— 123 —

loi de 1885 : cette loi n'était pas encore votée au moment de l'arrêt rendu par la Cour suprême, mais la variation de la jurisprudence avait attiré l'attention du législateur. On voulut mettre fin aux indécisions des tribunaux et fixer définitivement le sens de l'article 419. Le projet du Gouvernement pour la loi de 1885, disait : « Les dispositions de » l'article 419 du Code pénal sont applicables aux effets » autres que les effets publics ». Cet article ainsi conçu fut accepté et voté par la Chambre des députés, mais lorsque le projet de loi fut porté au Sénat, le rapporteur signala les dangers qu'il pouvait y avoir à augmenter la portée de l'article 419, qui était tombé en désuétude et dont le sens bien formel avait été récemment déterminé par la Cour de cassation dans une de ses rares applications. La proposition votée par la Chambre ne fut pas admise par le Sénat et ne fut pas comprise dans la loi de 1885.

Législation civile. — Mais la question de jeu se pose beaucoup plus souvent au point de vue civil. Nous avons vu en étudiant la loi de 1885, l'ensemble de la législation antérieure et l'incertitude qui régnait dans l'interprétation des différents textes (1). Dans son dernier état, la jurisprudence pouvait donc se résumer ainsi : les marchés à terme sérieux sont valables; au contraire, les jeux de Bourse même déguisés sous la forme de marchés à terme, donnent lieu à l'exception de jeu. Il faut entendre par jeux de Bourse, non seulement les marchés qui, d'après la convention des parties, devaient se résoudre par des différences, mais encore ceux que chacune des parties, ou seulement celle d'entre elle qui oppose l'exception de jeu, sans accord avec

(1) Voir Lyon-Caen et Renault, t. IV, n° 977, en note le tableau succinct des variations de la jurisprudence. V. plus haut p. 75 et suiv.

son contractant, entendait résoudre par des différences ; et l'intention des parties peut dériver d'une présomption quelconque (Cass., 21 janv. 1878. S. 78. 1. 269. D. 78. 1. 161). L'agent de change qui avait servi d'intermédiaire dans ces conditions ne pouvait pas réclamer à son client les titres vendus ou le prix des valeurs achetées (Cass., 6 avril 1886. S. 88. 1. 207). Mais comment pourrait-on reconnaître l'intention des parties sans s'exposer à tomber dans l'arbitraire ? Pouvait-on examiner avec assez de certitude les circonstances extérieures au milieu desquelles s'étaient produits les marchés à terme pour pouvoir en déclarer le caractère sérieux ou fictif ? Ce fut cependant l'état de la jurisprudence jusqu'en 1885, la question de savoir si un marché à terme, déclaré licite en lui-même, constitue une opération de jeu résulte de l'intention des parties que les juges du fond seuls ont le droit d'examiner.

Tous les moyens de preuve étaient possibles (1). La manière de jouer, la multiplicité des opérations contradictoires, les ventes et achats importants dans un temps limité et exagérés par rapport à la fortune de l'opérateur ; les correspondances, les comptes, tout l'ensemble des circonstances qui ont accompagné, entouré le marché à terme, servaient de fondement à la religion que pouvait se faire le tribunal.

Il avait été jugé, par exemple, que des opérations sur la hausse ou sur la baisse constituaient des jeux de Bourse, lorsqu'elles n'étaient pas en rapport avec la situation de fortune de leur auteur. (Cass. 16 février 1881. S. 84. 1. 30. — Paris, 2 juin 1881. S. 83. 2. 129. — Amiens, 22 février 1882 et Paris, 2 février 1882. id. — Rennes, 7 déc. 1882. S. 83. 2. 172. — Paris, 3 mai 1884. S. 84. 2. 166). Les

(1) V. Buchère, n° 626 et suiv.

constatations du juge étaient souveraines à cet égard. (Cass. 29 déc. 1884. S. 85. 1. 164). Au contraire, l'opération devait être déclarée sérieuse, lorsque la situation commerciale et sociale de l'opérateur était telle que l'opération devait se résoudre par le règlement complet : que par la levée des titres ou par le paiement. On ne pouvait dans ce cas invoquer l'exception de jeu. (Cass. 4 janv. 1886. S. 80. 1. 21).

C'est à la suite des évènements scandaleux de 1882 et de la chute de la Banque de la l'Union générale, que l'on voulut par une loi réformer et fixer la jurisprudence. Le principe posé dans l'article 1er de la loi du 28 mars 1885 est absolument formel. Tous les marchés à terme sur les effets publics et autres, tous les marchés à livrer sur denrées et marchandises sont aujourd'hui considérés comme licites, lors même qu'ils se résoudraient par le paiement d'une simple différence. Le seul fait de ne régler que les différences ne constitue plus le jeu aux termes de la loi. On se trouve en présence d'un contrat licite, soumis aux règles générales des conventions, et les obligations qui en résultent doivent être exécutées de part et d'autre : soit par la livraison des titres ou le paiement des valeurs ou même par le paiement de la différence entre le cours du jour de l'opération et celui du jour de l'exécution du marché.

De même, le fait d'avoir remis une couverture à l'agent de change qui était autrefois considéré comme une marque de l'intention de ne régler que les différences, n'est plus regardé aujourd'hui comme une présomption de jeu, le décret d'octobre 1890, par son article 61, permet aux agents de se contenter de cette remise en couverture, sans déroger à leurs obligations professionnelles.

Mais si le marché à terme qui doit se résoudre par le simple paiement d'une différence n'est plus à considérer comme un simple jeu ou pari sur la hausse ou sur la baisse, peut-on encore dans certaines circonstances invoquer l'exception de jeu ?

Plusieurs systèmes se sont fait jour sur cette matière. D'après une première théorie qui fut admise après l'apparition de la loi de 1885, le législateur avait bien déclaré légaux les marchés à terme, mais suivant l'opinion savamment défendue par M⁰ Labbé (1). (S. 86. 2. 1 sous Dijon, 21 avril 1885), il avait maintenu l'exception de jeu pour le cas où il serait démontré que, dès l'origine, les parties avaient eu l'intention commune de parier et de jouer. Or, comment pouvait-on connaître cette intention ? C'étaient les mêmes éléments qui servaient, avant la loi de 1885, à décider si le marché renfermait un simple pari sur la hausse ou la baisse des effets publics et dont nous avons cité plus haut quelques exemples ; mais il fallait en excepter, aux termes de la loi de 1885 le simple règlement de différences et la remise d'une couverture : ces deux derniers faits ne faisaient plus présumer, comme sous l'ancienne législation, le caractère fictif de l'opération. Mais il appartenait encore au juge du fait d'apprécier souverainement s'il se trouvait en présence d'un marché à terme sérieux ou d'un simple jeu ou pari et de refuser dans ce dernier cas, toute action en justice. Des opérations de jeu pouvaient donc se cacher sous l'apparence de marchés à terme. (Paris, 31 mai 1895. Gaz. des Trib., 8 décembre 1895).

Jugé également en ce sens que si la loi de 1885 reconnaît la légalité des marchés à terme sur effets publics et autres, et interdit de se prévaloir de l'article 1965 du Code civil pour se soustraire aux obligations qui en résultent, lors

---

(1) Note de Labbé, S. 86. 2. 1. — Note de Sarrut, L. 85. 2. 121 précité — Buchère, n° 484.

même qu'elles se résoudraient par le paiement de simples différences, les opérations de jeu qui se dissimulent sous le nom et l'apparence de marchés à terme, demeurent soumises aux prohibitions de l'article 1965 du Code civil. (Paris, 30 juin 1894. S. et P. 95. 2. 262). Et de même que l'article 1965 du Code civil n'est applicable depuis la loi de 1885 qu'autant que ces opérations de jeu se cacheraient sous l'apparence des marchés à terme qui ne seraient pas véritables. (Paris, 31 mai 1895, S. 96. 2. 47.) — (Angers, 8 juillet 1895, 3. 95. 2. 257.) La jurisprudence était même d'accord pour dire qu'il ne s'agissait, non pas d'un marché à terme, mais d'un jeu de Bourse si les parties non contentes de vouloir résoudre le marché par le paiement de différences, ont convenu que des différences seules pourraient être exigées, si, en un mot, ce paiement par différence, au lieu d'être facultatif *est obligatoire* ; dans ce cas, par conséquent, l'exception de jeu pourra être invoquée. (Rouen, 4 mars 1886. Rec. de Rouen 1886, p. 133) — (Trib. Toulouse, 30 décembre 1889, Gaz. des Trib. 16 mars 1890.) — (Trib. de la Seine, 15 février 1896. J. La Loi, 20 mars 1896.)

En un mot, d'après cette jurisprudence, le marché à terme sérieux est reconnu valable : la loi de 1885 a voulu valider les opérations de bourse qui impliquaient pour l'acheteur le droit de se faire livrer des marchandises, et pour le vendeur le droit d'obliger l'acheteur à les recevoir, alors même que ces marchés se résoudraient à l'échéance par un réglement de différences ; mais elle a laissé sous l'empire des prohibitions de l'article 1965 du Code civil les opérations qui doivent nécessairement se résoudre par un simple paiement de différences, d'après l'intention primitive des parties. Le règlement par différences, n'étant plus facul-

tatif mais bien obligatoire, prouve que les parties n'ont jamais eu la pensée de faire une opération sérieuse, mais un simple jeu de bourse. (Paris, 22 mai 1895. S. 96, 1. 47.) Le marché à terme, dans lequel les parties ont stipulé que le règlement aurait lieu par simples différences sans livraison de la marchandise est donc un acte de jeu tombant sous la prohibition de l'article 1965, et toute action en justice doit être refusée pour le paiement des différences acquises dans ces opérations. (Seine, Trib. Comm., 20 juin 1896. J. Le Droit, 31 juillet 1896.) Et cette théorie et cette jurisprudence s'appuyaient sur ce qu'on ne peut créer de véritables privilèges à des spéculateurs malhonnêtes, pour le seul motif qu'ils ont emprunté une forme particulière pour leurs opérations. Il doit toujours appartenir aux tribunaux, d'après les règles du droit commun, de rechercher qu'elle a été la véritable intention des parties et de restituer aux actes leur véritable caractère. Les partisans de cette théorie s'appuyaient, en outre, sur l'intention du législateur de 1885, et la substitution, dans le texte de la loi, des mots « se résoudraient » à la première rédaction admise par la Chambre des Députés et repoussée au Sénat « devraient se résoudre ». « C'était l'idée qu'exprimait M. Penlevey (1), rapporteur, lorsqu'il proposa à la Chambre l'adoption du projet admis par le Sénat. « Le Sénat a pensé qu'il serait
» plus correct de se servir de l'expression « se résou-
» draient », pour ne pas laisser prise à aucune équivoque,
» et surtout pour ne pas laisser croire que la loi nouvelle
» entendait couvrir le pari, ce qui eut été l'abrogation pure
» et simple de l'article 1965 Code civil. » (S. L. ann., 1885, p. 771).

Mais *à qui incombe la preuve* de ce caractère fictif de

---

(1) Rapport de M. Penlevey, S. « L. Ann. », 1885, p. 771.

l'opération ? Conformément aux principes généraux du droit civil, c'est à celui qui se prétend délié de ses obligations, c'est à celui qui invoque cette exception de jeu (Trib. comm. de la Seine, 16 avril 1896. J. La Loi, 28 avril 1896). Mais les partisans de cette théorie de l'admission de l'exception de jeu, en matière de marchés à terme, se partagent sur le point de savoir comment pourra se faire cette preuve :

Les uns admettent que la preuve du jeu en matière de Bourse doit, pour être admissible, être fondée sur un acte écrit, dressé lors de la formation de l'opération et dans lequel les parties, d'une façon formelle s'engagent à ne régler leurs obligations que par le simple paiement de différences (Trib. Seine, 26 décembre 1885. Rev. des soc., 1886, p. 224. — Trib. Seine, 26 déc. 1891. Gaz. des Trib., 2 et 3 mai 1892. — Badon Pascal. J. La Loi, 21 avril 1885 et Droit Financier, 1894, p. 471 et suiv. — Baudry Laccartinerie. Tr. de Dr. civil, t. III, n° 886. — Rendu. France Judiciaire, 1885, 1re partie, p. 203. — Deloison. Traité des Val. Mob. et des Opérations de Bourse, nos 476 et 477).

Jugé de même que malgré la présomption légale admise, en faveur des marchés à terme, par la loi du 28 mars 1885 l'exception de jeu doit être admise lorsque par écrit, et dès l'origine de l'opération, les parties se sont engagées à ne réclamer à l'échéance que le règlement des différences.(Paris, 6 juin 1885, s. 86, 2. 1. D. 85, 2. 121.— Paris, 12 mars 1896, J. Le Droit, 25 avril 1896.— Trib. de Toulouse, 26 janvier 1896. Gaz. des Trib. du Midi, 8 mars 1896. — Dijon, 18 mars 1891, S. et P. 92, 2. 53. — et Trib. Comm. de la Seine, 23 janvier 1896. J. La Loi, 18 février 1896. — Niort, 3 juillet 1896, P. 98. 2. 348.)

Mais la grande majorité des auteurs et une grande partie

des tribunaux admettaient une théorie plus large et plus générale qui permettait la preuve par tous les moyens possibles. Plusieurs fois le rapporteur de la loi de 1885 avait parlé d'une convention écrite antérieure à la naissance de l'obligation, et qui aurait permis, après le vote de la loi de 1885, d'indiquer encore l'exception de jeu. Mais ce n'était que l'expression d'une opinion personnelle qui ne passa pas dans les discussions de la Chambre et du Sénat, et qui ne laissa aucune trace dans le texte de la Loi. Il faut donc en revenir au système général permettant la démonstration de la fraude par tous les moyens possibles. Le jeu de Bourse, d'après cette théorie, pouvait donc être combattu par toutes preuves possibles : par les écrits, même par témoins, mais en excluant toutefois les simples présomptions. D'autres auteurs admettent même ces présomptions, lorsqu'elles ont le caractère exigé par le Code Civil, c'est-à-dire lorsqu'elles sont graves, précises et concordantes. « Toutes les fois, disait le rapporteur de la loi à la Chambre, qu'on allègue que pour tourner la loi, on a eu recours à une simulation, tous les moyens de preuves sont admis, même les présomptions de l'homme ou indices. Il serait évidemment déraisonnable d'exiger un écrit pour prouver la simulation. (S. Loi ann. 1885, p. 770.)

On revenait donc, avec cette théorie, à l'ancien système de la jurisprudence, mais avec cette différence qu'il y avait en faveur de ces marchés à terme une présomption légale. Or, cette présomption pouvait être renversée par tous les moyens de droit commun, le véritable caractère de l'opération pouvait être prouvé à l'aide même de simples présomptions et par tous ceux qui peuvent avoir intérêt à établir cette preuve. (Paris, 30 juin 1894. S. et P. 95. 2. 257).
Le caractère fictif du marché à terme peut être démontré à

l'aide de la correspondance et des comptes de liquidation échangés entre les parties. (Angers, 8 juillet 1895. S. et P. 95. 2. 257). Les tribunaux allaient même parfois jusqu'à scruter l'intention des parties, pour y découvrir le véritable caractère de l'opération. (Trib. civil de la Seine, 12 mars 1895, Gaz. des Trib., 13 avril 1895 et Trib. de Carpentras, 26 mars 1895, Gaz. des Trib. 22 et 23 avril 1895). C'était revenir complètement aux dangers de l'ancienne jurisprudence, dangers qu'avait voulu éviter le législateur à la suite des nombreux procès intentés après la chute de l'Union Générale et qui avaient donné naissance aux projets de la loi de 1885. Cette dernière appréciation des tribunaux était en contradiction formelle avec l'intention du législateur.

Le rapporteur au Sénat avait dit, en effet, que « s'il s'agit
» d'un marché contracté selon les règles, le marché est
» valable ; il est couvert par une présomption légale qui
» empêche les tribunaux de rechercher les intentions pre-
» mières des parties. Mais s'il s'agit d'une convention
» écrite... (1) » Une convention formelle peut donc anéantir cette présomption : c'est, en effet, une preuve authentique de l'intention arrêtée des parties de ne faire qu'un pari sur la hausse ou la baisse des cours, mais la recherche des intentions des donneurs d'ordre ne pourrait avoir comme résultat que d'anéantir les effets de la loi de 1885 et ramener les dangers d'interprétation de l'ancienne jurisprudence. Si l'on peut donc se rapporter aux preuves ordinaires pour démontrer la fiction d'un marché à terme, il est dangereux et impossible de ne scruter que l'intention présumée des spéculateurs.

Mais un autre système fut soutenu au point de vue de l'interprétation générale de la loi de 1885 : système qui

(1) S. « L. ann. », 1885, p. 771.

apparut au lendemain de la loi et qui fut tout récemment consacré par une série d'arrêts de la Cour de cassation (1).

Ce système est des plus catégorique et consiste à valider toute opération de bourse, fut-elle fictive, par le seul fait qu'elle a revêtu la forme d'un marché à terme. L'article 1965 du code civil ne serait jamais applicable pour une opération de bourse réalisée suivant les formalités du réglement des agents de change ; alors même que, d'après une convention écrite antérieure, les donneurs d'ordre se seraient engagés à ne réclamer que des différences, l'exception de jeu ne pourrait être invoquée dans un marché à terme. D'après cette théorie, la loi du 28 mars 1885 établit une présomption légale de validité à l'égard des marchés à terme réputés antérieurement jeux de bours et cette présomption a pour effet d'interdire la preuve de la nature fictive de l'opération, malgré tout accord antérieur des parties. (Montpellier, 7 mai 1885. S. 86. 2. 1. D. 85. 2. 121. — Paris, 19 juin 1885, à propos d'opérations sur denrées. S. 86. 2. 1. P. 86. 2. 79. — Rouen, 22 juin 1891. J. La loi, 30 octobre 1891. — Lille, Trib. de Comm., 14 mars 1887. La loi, 5 juin 1887). — Il fut de même jugé qu'en matière de marchés à terme, lors même qu'ils doivent se résoudre par des différences. la loi du 28 mars 1885 stipule que les dits marchés sont valables, que par suite l'article 1965 du Code civil ne rencontre pas son application. (Trib. de comm. de la Seine, 14 septembre 1894, (sous Paris, 22 nov. 1895, S. et P. 96. 1. 47). On regardait donc la présomption légale admise par la nouvelle loi au profit des marchés à terme, comme une présomption *juris et de jure*, (Trib. comm. de Toulouse, 20 janv. 1896. Gazette des

---

(1) Thaller, n° 803. Lyon-Caen, t. IV, n° 982. — V. Fuz. Hermann. Mot : Marché à Terme.

Trib. du Midi, 8 mars 1896) et aucune preuve n'était admise contre cette présomption. Quelle que fût l'intention des parties, quoique cette intention ait été formulée d'une façon formelle, le marché à terme était valable et l'article 1965 ne pouvait être invoqué. (Trib. de la Seine, 10 juin 1893. Gaz. des Trib. 1ᵉʳ décembre 1893). En résumé tout marché à terme fait régulièrement par l'intermédiaire des agents de change est valable, toute opération de bourse est nulle lorsque le donneur d'ordre n'a pas rempli les formalités, c'était ce que disait un arrêt de Paris, du 27 juillet 1897 (Dalloz 1898. 2. 265). « La loi du 28 mars met obstacle à ce qu'une preuve quelconque tirée, soit du chiffre des marchés conclus, soit des négociations aux quelles ils ont donné lieu entre les parties, soit apportée pour établir le caractère fictif des opérations à terme, lesquelles sont protégées par une présmption juris et de jure et réputées sincères en vertu de la loi elle-même (1). (Loi de 1885, sous article 1. S. 85. L. ann.). Mais, au contraire, l'arrêt ajoutait : « La négociation des valeurs faites par d'autres que les agents de change est atteinte d'une nullité d'ordre public. (C. de comm. 76). Cette nullité ne peut être couverte par aucune ratification, notamment par l'acceptation d'un compte, seul le paiement effectué s'opposerait à ce qu'on invoque cette nullité, en vue d'obtenir la répétition de ce qui aurait été payé ».

C'est encore sur l'intention présumée du législateur que les partisans de cette jurisprudence veulent encore étayer leur théorie. Plusieurs fois, au cours de la discussion de la loi, l'hypothèse d'une convention écrite s'est présentée à l'esprit du législateur. Ainsi que nous l'avons vu en étudiant la loi de 1885, les rapporteurs ont voulu faire, dans

(1) Sirey. « L. ann. », 1885, sous l'art. 1ᵉʳ p.

le texte même, des allusions à la possibilité d'une convention préalablement passée entre les parties et pour ne pas couvrir d'une présomption légale une opération faite dans ces conditions, on a voulu, lors du 1er vote à la Chambre des Députés, ajouter à l'article 1er ces mots : « Nul ne peut pour se soustraire aux obligations qui en résultent, se prévaloir de l'article 1965 du Code civil « lorsque l'acheteur a le droit d'exiger la livraison ou que le vendeur a le droit de l'imposer. » Ces mots furent supprimés ; ils furent remplacés par les mots « lors même qu'ils devraient se résoudre » par le simple paiement d'une différence. Cette rédaction, qui était favorable à la théorie admise actuellement par la jurisprudence, donna lieu à de nombreuses discussions. Ils furent supprimés par la commission du Sénat et M. Naquet, rapporteur, parlant de la portée de cette expression et l'utilité de lui substituer les mots « lors même qu'ils se résoudraient », s'exprimait en ces termes :
« En mettant dans l'article 1er ces mots « devraient se
» résoudre » au lieu des mots « se résoudraient », on valide-
» rait non-seulement les vrais marchés. mais encore des
» conventions nouvelles inconnues, jusqu'ici innommées.
» que l'on ne saurait assimiler à un marché et par les-
» quelles au moment même de la transaction, les parties
» s'engageraient par écrit à ne pas exiger la livraison, à ne
» l'imposer et à résoudre l'opération par le simple paiement d'une différence. » (S. L., Ann. 1885, p. 771.)

C'est pourtant en s'appuyant sur la généralité de l'article 1er de la Loi de 1885 qui parle sans aucune distinction de « tous les marchés à terme », que la Cour de cassation vient de se ranger à cette jurisprudence et par une série de quatre arrêts rendus le 22 juin 1898. (S. 98. 1. 313) ; elle a consacré la théorie de la validité de tous marchés à terme faits par l'intermédiaire d'agents de change. Une autre raison, qui a forcé, pour ainsi dire, la Cour à adopter cette théorie rigoureuse, fut l'indécision qui régnait forcément dans l'autre théorie.

Cette dernière admettait les circonstances extérieures, les présomptions même, pour scruter l'intention des parties et elle arrivait forcément à des contradictions. Fuzier Hermann cite dans son *Répertoire général* (Jeu et Pari, n° 322. 323), deux arrêts de Paris qui se contredisent formellement. Le premier, du 30 juin 1894 (S. 95. 2. 257), dit que, sous l'apparence d'un marché à terme, on peut découvrir la dissimulation d'un véritable jeu et pari, « par l'énorme disproportion entre l'importance des achats et ventes à terme prétendument faits pour le compte du donneur d'ordre et la valeur minime de son patrimoine. » Le second, du 31 mai 1895 (S. 96. 2. 47), vient dire que l'on ne peut arguer de l'infériorité de la fortune du spéculateur, pour affirmer que la réalisation des opérations était impossible et que l'on se trouve, par conséquent, devant un véritable pari sur la hausse ou la baisse des cours. Tout en faisant observer cette contradiction qui se présente dans une matière aussi pratique, Fuzier Hermann tire une preuve de ces deux arrêts rendus en sens contraire par la même Cour de Paris, et prétend que si on s'écarte des termes absolus de la loi, on retombe forcément dans les difficultés de l'ancienne jurisprudence. Or, à ne prendre que ces termes, on voit que le législateur a dit : « Tous marchés à terme sont reconnus légaux, *nul* ne peut... », on doit en conclure qu'il n'y a pas lieu de distinguer entre les marchés sérieux et ceux qui ne le sont pas.

Conséquences. — Mais, quelles sont les conséquences juridiques de ces deux systèmes ? Avec la première théorie, admettant l'application de l'article 1965 du Code civil en matière de marchés à terme faits par l'intermédiaire d'agents de change, toute action en justice était refusée lorsqu'on se trouvait en présence d'un jeu ou d'un pari déguisé. Avant la loi de 1885, cette exception reposait sur un principe d'ordre public, elle pouvait donc être invoquée en tout état de cause et être même prononcée d'office par les juges (1). Depuis la nouvelle législation et la suppression des articles 421 et 422 du Code pénal, depuis la disparition de tout fait délictueux, il faut invoquer cette exception et la prouver.

Toute partie intéressée était admise à invoquer cet article 1965, même contre les agents qui avaient servi d'intermédiaires. Ils étaient comme les autres soumis aux rigueurs de la loi et leur qualité d'officiers ministériels, loin de servir à leur protection, contribuait encore à leur faire appliquer avec plus de rigueur ces principes juridiques. (Rouen 21 février 1868. Rec. spéc, 68, 1. 41. — Lyon, 30 juillet 1869. D. P. 70. 2. 11. — Cass. 6 avril 1869. D. P. 69. 1. 237). Les agents, même entre eux, pouvaient s'opposer l'exception du jeu (2), mais il leur fallait prouver la mauvaise foi du confrère dont ils repoussaient ainsi les réclamations. Le client, en présence d'une demande en remboursement des des avances faites par son agent de change mandataire, pouvait invoquer l'exception de l'article 1965 si l'agent avait connu le véritable caractère des opérations du donneur d'ordre. Il s'était alors rendu sciemment complice d'actes considérés comme illicites et il devait en supporter les conséquences. (Cass. 4 août 1824, 16 août 1825; Paris, 28 mars 1851. S. 51. 2. 153. — 16 juillet 1851. S. 51. 2. 512. — 31

(1) Buchère, nos 640-641.
(2) Buchère, n° 641 et suiv.

juillet 1852. S. 52. 2. 690. — Bordeaux, 15 juin 1857. S. 57. 2. 733. — Rouen, 18 août 1874. Rec. spéc. 1875. 1. 88. — Cass., 3 mars 1875. S. 75. 1. 396. — 16 décembre 1879. S. 81. 1. 421. — 19 déc. 1881. S. 82. 1. 262. — Lyon, 20 Mai 1877. D. 78. 2. 93. — Paris, 6 février et 4 août 1882. D. 82. 2. 227. — Poitiers, 17 juillet 1883. D. 84. 2. 207. — Paris, 15 nov. 1887. Dr. financ. 1888, p. 109. — Cass., 27 janv. 1852. S. 54. 1. 140. — 8 juill. 1876, S. 77, 1. 117).

D'ailleurs, c'était au joueur invoquant l'exception à prouver que l'agent avait agi en connaissance de cause; il était repoussé dans sa demande s'il avait trompé son mandataire par des manœuvres en lui faisant croire par exemple à sa solvabilité (Lyon, 17 nov. 1881. Journal des val. mob., 1882, p. 307), ou en l'engageant dans des opérations telles que l'expérience personnelle de l'officier ministériel ne pouvait le faire douter du but que se proposait le donneur d'ordre (Rouen, 17 février 1873. Rec. spéc. 74. 1. 140). C'était encore une question de fait laissée à l'appréciation souveraine des tribunaux : ils devaient suivant les circonstances extérieures admettre ou repousser l'exception. Le fait même de s'être fait garantir par un tiers le paiement des différences pouvait être considéré comme une preuve de la connaissance, que l'agent avait du caractère aléatoire de l'opération et sa demande en paiement pouvait être repoussée, non seulement par le spéculateur, mais aussi par le tiers intéressé.

On punissait l'agent, en le regardant comme complice de l'opération de jeu, et on ne l'admettait pas à exercer son recours en justice, pas plus qu'on ne permettait à un complice d'un vol de réclamer, par la voie des tribunaux, le paiement du salaire que lui avait promis le principal auteur. On étendait même ce principe de complicité à tous ceux qui d'une manière quelconque avaient prêté leur concours ou participé à ces jeux de Bourse : *aux prêteurs* (1) qui avaient fourni les sommes d'argent nécessaires à ces opérations. Il fallait cependant faire une distinction. L'action en répétition était permise au prêteur qui avait ignoré l'emploi que l'emprunteur avait fait de son argent (Colmar, 29 janv. 1841. S. 42. 2. 492. — Douai, 8 août 1857. D. 58. 2. 46). Toute action en justice lui était, au contraire, refusée lorsqu'il avait connu, avant le prêt, l'intention que son emprunteur avait de risquer ses capitaux dans des opérations de Bourse et surtout lorsqu'il avait participé à ces opérations (2). (Cass., 15 nov. 1864. S. 65. 1. 77. D. 65. 1. 225. — Cass., 16 février 1881. D. 83. 1. 208. — Paris, 6 juillet 1882. D. 84. 2. 95. — Cass., 6 janvier 1886. Ann. du Dr. comm., 1887, 2me partie. p. 14). Ce principe a été appliqué dans un cas assez bizarre ; l'emprunteur était un agent de change qui voulait par des emprunts successifs, faire face à ses découverts et continuer ses opérations et le prêteur était la compagnie même des agents de change qui était au courant de la situation et voulait sauver un de ses membres (Cass., 30 Mai 1838. S. 38. 1. 753).

Que devient cette créance résultant ou du prêt fait à un spéculateur ou des différences qu'il doit à son agent ?

Le créancier peut avoir *transporté sa créance* à un tiers et ce dernier pourra-t-il être repoussé par l'exception de jeu ? Il faut partir de ce principe que la créance ne change pas ici de caractère malgré son transport, elle est toujours entaché de nullité. Si la cession s'est faite suivant les règles

---

(1) V. Buchère, n° 645. Conf. Laurent XXVIII, n° 221. — Dalloz « Rep. Jeu », n° 60.

(2) Conf. Pont. « Petits Contrats », n° 647. — Troplong, n° 66. — Bozérian, n° 384 et 523.

ordinaires avec simple notification au débiteur cédé, celui-ci ne perd pas ses droits d'invoquer l'art. 1965. Mais si la dette a été réglée par le perdant, en billets négociables, on ne peut plus invoquer contre les tiers porteurs de bonne foi la nullité de l'engagement primitif. (Paris, 28 janv. 1853. S. 53. 2. 231. — Cass. 12 avril et 4 déc. 1854. S. 54. 1. 313 et 763. — Cass. 12 nov. 1884. S. 85. 1. 69. — Paris, 29 mars 1887. Pand. 87. 2. 376. — 9 juin 1888. Dr. Financ. 1888, p. 476). C'est en se basant sur la faveur due aux billets de cette nature, sur ce que le billet transmis avec endos ne peut obliger le porteur à rechercher l'origine de ce titre remis (1), que la jurisprudence s'est décidée d'une façon unanime en ce sens. Une autre théorie causerait les plus grands troubles dans la circulation des effets. Mais on peut, au contraire, invoquer la nullité du titre contre le porteur de mauvaise foi qui a connu le vice de l'engagement primitif. (Cass. 12 avril 1854. S. 54. 1. 313. — 16 déc. 1879. S. 81. 1. 421. — Paris, 27 nov. 1858. S. 59. 2. 88. — 29 sept. 1882. S. 83. 2. 129. — 19 fév. 1886. Pand. Fr. 1886. 2. 151).

Il faut admettre cependant que la souscription de ces billets n'est pas un véritable paiement et que le perdant souscripteur, alors même qu'il est obligé de payer le montant de l'effet souscrit au tiers porteur de bonne foi, a un recours contre le gagnant et peut lui réclamer le remboursement de la valeur du billet. C'est une simple promesse de payer et non un paiement réel et effectif aux termes de l'article 1967. C. civil (Cass. 12 nov. 1884. Paris, 25 févr. 1885. Journal des Val. Mobil. 1885, p. 56 et 325).

En vertu du même principe par lequel le législateur n'accorde aucune action de droit en matière de jeu et consi-

---

(1) Pont « Petits Contrats », n° 641. — Troplong « Contrats aléatoires ». n° 196. — Mollot, n° 331. — Buchère, 648.

dère toute obligation, née dans ces circonstances, comme frappée de nullité, il est impossible de *ratifier* ou de *confirmer* des dettes de jeu. L'article 1338 du Code civil parle bien de ratification d'obligations qu'on pourrait attaquer par une action en nullité ou en rescision, mais les termes même de l'article laissent supposer que ces obligations étaient valables au fond, qu'elles avaient un caractère d'obligations légales, qu'elles n'étaient atteintes que d'un vice de forme. La dette de jeu n'a aucun caractère d'obligation légale : elle est atteinte d'un vice radical que ne peut effacer la volonté des parties. Il ne faut pas toutefois exagérer ces déductions et admettre la nullité complète de toute ratification (1). Si l'agent de change a présenté ses comptes de liquidation à son client, ce dernier peut bien les contester, mais, s'il les a ratifiés, au moment de l'approbation définitive, il ne peut repousser le reliquat de compte par l'exception de jeu. Ce serait étendre la responsabilité encourue par l'agent de change, au-delà de ses limites légales et ce serait permettre, aux spéculateurs malhonnêtes, de discuter des actes qu'ils ont formellement approuvés, en leur permettant d'exercer une répétition contre leur mandataire. (Rouen, 13 avril 1870. S. 75. 1. 363. Rouen, 18 août 1874. Rec. Spec., 1874. 1. 88. Trib. civ. Seine, 16 févr. 1883. Jour. Val. Mob., 1884, p. 38. — Cass. 5 juill. 1876. S. 77. 1. 117).

Cette dette de jeu ne peut donc être ratifiée, elle ne peut non plus servir à une *compensation* : car la compensation suppose deux dettes exigibles et liquides et la dette résultant d'un jeu ou pari sur les valeurs de bourse, n'est jamais exigible.

(1) Buchère, n° 653.

Elle ne peut de même faire l'objet d'une *novation* (1) : car la novation suppose la substitution d'une dette à une première, or, cette première dette n'existe pas dans l'espèce. Cette question est assez intéressante, en ce sens qu'elle fut longtemps invoquée par les agents et coulissiers, pour les dettes provenant d'opérations considérées comme jeux de bourse. La simple inscription de la somme due au débit de leurs clients, sans avoir même eu leur approbation, constituait, suivant eux, une novation et rendait désormais impossible l'exception de jeu. La jurisprudence a repoussé leurs prétentions dans un grand nombre de jugements et d'arrêts (2). (Cass. 5 juill. 1876. S. 77. 1. 177. D. 77. 1. 264. — 27 nov. 1882. J. des Val. Mob. 1883, p. 485. — 24 juin 1885. D. P. 86. 1. 35. — 6 nov. 1888. Pand. Pei., 1889. 1. 13. — Paris, 28 mars et 15 août 1885. J. Val. Mob., 1885, p. 508 et 423. — Bordeaux, 23 déc. 1885. — J. Val. Mob. 86, p. 180. — Cass. 6 nov. 1888. S. 91. 1. 207).

Enfin la dette résultant de jeux de Bourse ne peut faire l'objet d'un *cautionnement* (3). La spéculation fictive, n'ayant pour objet qu'un pari sur les cours de valeurs, n'est plus considérée comme un délit, depuis la loi de 1885 et la suppression des articles 421 et 422 du Code pénal, mais elle n'est pas valable et ne peut donner lieu à une action en justice. Or, aux termes de l'article 2012 du Code civil, le cautionnement ne peut exister que sur une action valable en elle-même et qui ne peut être repoussée que par une exception purement personnelle,

Telles sont les conséquences qui découlent du premier

---

(1) Buchère, n° 655, contra Paul Pont, n° 644.
(2) Dalloz « Rép. » V. Jeux, n° 50. — Aubry et Rau, t. IV, n° 575. — Lyon-Caen, t. IV, n° 824 et en note.
(3) Buchère, n° 657.

système exposé de la théorie, qui admet l'exception de jeu dans les marchés à terme, faits par l'intermédiaire des agents de change. Avec l'autre théorie, qui prétend que tout marché à terme est valable, lorsqu'il a été régulièrement fait par l'entremise d'un officier ministériel, l'exception de jeu devient, dans ce cas, impossible à invoquer. Mais, ainsi que le fait remarquer M. Wahl (note sous Paris, 30 juin 1894. S. 95. 2. 257), cette modification n'a pas grand intérêt dans la pratique.

Deux hypothèses peuvent, en effet, se présenter. Ou bien le marché aura été conclu entre particuliers ou passé avec un banquier ou un coulissier ; ou bien il aura été conclu par l'intermédiaire d'un agent de change.

Dans le premier cas, si l'on admet avec la jurisprudence de la Cour de cassation que les marchés par différences ne peuvent être faits directement avec un particulier ou un banquier sans l'intermédiaire d'un agent de change, sans être frappée de nullité par l'article 76 du Code de commerce (Cass., 21 mars 1893. O. 93. 1. 241), si le joueur n'a pas le droit d'invoquer l'exception de jeu, il arrivera au même résultat par l'article 76 du C. de comm.

Dans la seconde hypothèse, quel que soit le parti qu'on adopte, le joueur ne pourra pas opposer l'exception de jeu à l'agent qu'il aura chargé pour son compte, alors même que l'agent aurait connu son intention. La raison en est que l'agent ne sert pas à son client de contre-partie, il est son intermédiaire, il est chargé de lui trouver un contractant ; la convention de jouer ne se forme donc pas (Labbé, note sous Dijon, 24 avr. 1885). Il ne peut y avoir de jeu de Bourse si les deux parties ne conviennent pas de jouer : or, ici les deux parties agissent par intermédiaires et ne se connaissent pas. L'exception de jeu ne peut donc être opposée que dans les contrats entre particuliers ou passés avec un banquier ou un coulissier, qui servira lui-même de contrepartie à son client, et même dans ce cas, l'article 76 du Code de commerce suffira pour annuler l'opération (Wahl dns. Fuzier-Hermann. V. Jeu et Pari, n° 325).

PAIEMENT VOLONTAIRE. — Il n'y a donc aucune action judiciaire pour le paiement des dettes de jeu, mais d'un autre côté, l'article 1967 du Code civil reconnaît cependant qu'il résulte du contrat de jeu, une certaine obligation morale, que le perdant peut se croire dans l'obligation d'exécuter. Le paiement volontaire et fait en connaissance de cause ne peut être considéré comme irrégulier et sans fondement, et aux termes mêmes de l'article précité « le perdant ne peut répéter ce qu'il a volontairement payé à moins qu'il n'y ait eu de la part du gagnant dol, supercherie ou escroquerie. » Il s'agit donc de savoir uniquement quand il y a paiement valable. L'article 1967 ne parle-t-il que des paiements en espèces ou des autres extinctions d'obligations analogues.

Sous l'ancien droit, le législateur se montrait excessivement sévère et avait une tendance à considérer tous les actes des spéculateurs comme illicites. L'ordonnance de 1629 (1) voulait voir dans certains modes d'extinctions de dettes de jeu « des obligations et promesses faites pour le jeu, quoique déguisées » et elle en prononçait la nullité. Et pourtant, elle admettait implicitement comme valable, la dation en paiement d'immeubles, avec réserve d'hypothèques acquises aux créanciers du cédant. Mais la déclaration du 1ᵉʳ mars 1781 était plus formelle et déclarait nuls « ventes, cessions, transports et tous autres actes ayant pour cause une dette de jeu. »

(1) Buchère, n° 661.

Les rédacteurs du Code revinrent à un système moins rigoureux. Quel motif avait pu les guider ? Ils ne considéraient pas l'obligation née du jeu comme une obligation sans cause, ils n'auraient pu autrement refuser l'action en répétition au perdant qui aurait payé; mais ils voulaient voir, dans ce contrat, une cause trop illicite pour donner lieu à une action en justice. C'était ainsi que s'exprimait Portalis, dans son exposé des motifs (1). De plus, ils n'allaient pas jusqu'à reconnaître, avec Pothier (2), une obligation naturelle obligeant moralement dans le « for de la conscience », mais ils ne voulaient pas reconnaître à un tribunal le droit d'accorder une action en répétition à un spéculateur malhonnête, qui se repend de ne pas avoir usé de son droit, et de se prononcer entre deux hommes également coupables, de punir l'un, de récompenser l'autre.

Mais dans quel cas, ce paiement fait par le perdant autrement qu'en deniers comptants, doit-il être considéré comme valable ? La cession de meubles et même d'immeubles constitue un paiement volontaire, lorsque le cédant a voulu transférer de suite et d'une manière définitive la propriété. (Cass., 7 juill, 1869. S. 69. 1. 461). Mais il faut avant tout que cette cession ait un caractère sérieux, qu'elle ne soit pas le résultat d'une fraude et par conséquent un paiement involontaire. Il faut que l'acte soit une véritable cession et non pas une simple procuration avec faculté de réaliser l'immeuble et de retenir sur le prix de vente le montant de la dette de jeu. Le paiement, dans ce dernier cas, ne serait donc fait que par la réalisation de la vente et la rétention de la somme résultant de la dette de jeu, et le perdant qui a donné procuration aurait la possibilité de la

---

(1) Fenet, t. XIV, p. 539 et 540.
(2) Fenet, t. XIV, p. 542. — Buchère, n° 663.

retirer, tant que les deux actes ne seraient pas accomplis. (Paris, 27 juin 1867, S. 68. 2. 229. — Cass. 24 juillet 1866, S. 67. 1. 24. — Paris, 19 janv. 1867. S. 67. 2. 87).

Il faut de plus ajouter ici une observation au point de vue de la garantie en cas d'éviction. Dans la vente ordinaire, cette garantie est de droit : elle est la conséquence du paiement des prix ; le vendeur en retour est obligé d'assurer à l'acheteur la propriété de la chose vendue. Or, ici le prix est une créance résultant d'un fait non reconnu par la loi et privé de toute sanction légale. Il faudrait reconnaître implicitement l'existence légale de cette créance, contrairement à l'article 1965, pour permettre au cessionnaire évincé d'agir en garantie contre son cédant. Son action serait repoussée par l'exception de jeu.

Toute action en répétition des différences payées est donc repoussée, non seulement en vertu de l'article 1967, mais encore en vertu de cette règle qu'il n'y a aucun avantage à accorder à un complice aussi coupable que celui contre qui il intente son action en répétition (1). La jurisprudence a consacré cette opinion et la Cour de cassation se fonde sur l'article 1967 du Code civil pour repousser toute action en répétition : dans deux arrêts du 1er et du 2 août 1859, elle a en outre déclaré que cette action était non recevable, en raison de « l'indignité du joueur, qui ne peut être admis à invoquer la nullité d'une obligation qu'il a volontairement exécutée. » (Paris, 5 déc. 1849. D. 52. 2. 94. — 16 juillet 1851. S. 51. 2. 512). — (Cass. 27 janvier 1852. S. 54. 1. 140). — (Paris, 29 juillet 1858. S. 59. 2. 81). — (Cass. 1er et 2 août 1859. S. 59. 1. 817. — 24 juillet 1866 (S.

---

(1) Buchère, n° 672 et suiv.

67. 1. 24). — Paris, 19 janvier 1867. S. 67. 2. 87. — 27 juin 1867. S. 68. 2. 229. — Paris, 30 juin 1894 précité).

Tous ces arrêts ont été rendus sur des demandes relatives à des paiements de différences et courtages, se rattachant à des opérations de Bourse. Or, que doit-on décider lorsqu'il s'agit de titres ou d'espèces remis à l'avance à l'agent à titre de couverture ?

On appelle, en termes de Bourse, couverture, une certaine somme d'argent, ou une certaine quantité de titres, remis entre les mains d'un agent de change et qui suffira, suivant certaines prévisions, à l'indemniser des différences dont il est responsable et qu'il devra payer à son confrère, en cas d'insolvabilité de son client. « L'agent, par cela même qu'il
» doit se porter garant des marchés conclus par son inter-
» médiaire, doit aussi pouvoir *se couvrir* contre les risques
» d'insolvabilité de son client » (1). D'ordinaire, dans tout marché au comptant, l'agent de change se fait remettre les titres à livrer ou la somme totale nécessaire au paiement, avant la réalisation de l'opération. Dans le marché à terme, l'ancienne législation et, en particulier l'article 13 de l'arrêté de Prairial an X, nécessitait cette remise de la somme totale ou des titres. « Chaque agent de change
» devant avoir reçu de ses clients les effets qu'il vend ou
» les sommes nécessaires pour payer ceux qu'il achète. »

Avant la loi de 1885, avant que le législateur n'ait fait disparaître, dans sa nouvelle loi, cette partie de l'ancien article 13, la remise d'une couverture était illicite et devait être même considérée, comme étant la meilleure preuve, que l'opération de Bourse ne contenait qu'un pari sur la hausse et sur la baisse des valeurs (2) : l'agent, pour le

---

(1) Thaller, n° 785. — Lyon-Caen et Renault, t. IV, n° 971).
(2) Bozérian, t. I, n° 305 et suiv.

montant de la couverture, ne calculait que le chiffre des différences possibles. De plus, on pouvait encore objecter que l'agent de change, en se faisant remettre cette couverture, se constituait un véritable gage, enfreignant ainsi les règles de droit commun, il établissait, en sa faveur, un privilège aux dépens des autres créanciers, sans remplir les formalités des articles 2074 et 2075 du Code civil, qui nécessitent un acte public ou sous-seings privés pour toute constitution de gage supérieur à 150 francs. Cette règle aurait dû être appliquée à la couverture que l'on ne peut ranger dans la classification des gages commerciaux (1).

L'utilité de ces couvertures était pourtant incontestable pour garantir l'agent de change, qui, en tant qu'officier ministériel, ne peut en droit refuser son concours à un client, et l'emploi de ces couvertures était même indispensable, si l'on voulait admettre la possibilité des marchés à terme. La mesure édictée par l'article 13, l'obligation pour l'agent de recevoir les effets qu'il vend et les sommes nécessaires pour payer ceux qu'il achète, était incompatible avec le mécanisme de ces opérations de Bourse : les marchés à terme, consistant justement à vendre ce qu'on n'a pas actuellement, mais que l'on espère acquérir dans la suite. Comment pouvait-on faire le dépôt de ce qu'on vendait chez l'agent ? L'usage avait donc été plus fort que la loi, on avait admis la validité de la couverture, même avant la loi de 1885 ; mais une question très importante à cette époque, qui aujourd'hui a perdu de sa valeur, se posait au point de vue du caractère juridique de cette couverture.

D'après l'opinion émise par Bozérian (2), les couvertures constitueraient toujours un nantissement, un gage, et non

---

(1) Buchère, n° 490 et art. 93 C. de commerce.
(2) Bozérian, t. I, n° 308 et suiv. Op. cont. Mollot, n° 155 et suiv.

pas, comme le voulait une autre théorie, un paiement anticipé. Et, en effet, suivant cet auteur, que la couverture soit faite en numéraire ou en valeurs son caractère ne change pas. Lorsque une couverture en argent est fournie par un client vendeur, on ne peut affirmer que c'est un paiment anticipé, le vendeur devait à son agent de change des titres et il lui remet de l'argent en couverture : il n'y a pas identité de choses dues. Si c'est un client acheteur qui a donné un couverture, et s'il l'a fournie en valeurs, l'objection est la même : l'acheteur doit de l'argent à son agent et il ne lui remet que des titres. Resterait la dernière hypothèse qui peut bien souvent se présenter : l'acheteur remet une couverture en argent, le vendeur remet une couverture en titres identiques à ceux sur lesquels il opère. Dans ces circonstances, où la grande majorité des auteurs affirment que le caractère de paiement anticipé ne peut même pas être discutée. Bozérian dit que cette couverture est remise non pour une seule opération, mais pour une série d'opérations et constitue réellement un gage.

L'utilité de cette question était considérable, surtout avant le décret de 1890. La loi de 1885 avait bien fait disparaître le passage précité de l'article 13 ; mais n'avait parlé en aucune façon des couvertures. En admettant même que l'usage de la couverture fut licite, si cette couverture était considérée comme un paiement anticipé, elle était la propriété exclusive de l'agent qui pouvait en disposer ; si elle n'était qu'un gage, qu'un simple nantissement, ou ce gage n'était que civil, et on devait s'en rapporter aux articles 2074 et 2075 du Code civil, dont nous avons parlé plus haut, ou il était commercial et c'était l'opinion la plus généralement admise ; il fallait alors dans ce dernier cas suivre les formalités de l'article 93 du Code de commerce (1) : c'est-à-

___
(1) Lyon-Caen et Renault, t. IV, n° 990 et en note, opinion de Guillard.

dire la vente publique, faite huit jours après la signification au débiteur. L'agent de change n'avait en mains qu'une garantie et « toute clause qui l'autoriserait à s'approprier ce gage » aux termes mêmes de l'article devait être nulle.

La coutume qui existait, et qui consistait de la part des agents de change à faire signer par le client un écrit par lequel il consentait à ce que l'agent réalisât la couverture déposée et consistant en titres, était donc nulle si cette couverture n'était qu'un nantissement. Il est certain que les difficultés ne surgissaient pas d'habitude de la part du donneur d'ordre, qui ne pouvait souvent discuter que le chiffre des dfférences dues, mais l'agent pouvait se trouver en présence d'un syndic de faillite, représentant les créanciers du donneur d'ordre, et qui viendrait réclamer à l'agent, un prix supérieur à celui de la vente amiable des titres en couverture.

Le décret du 7 octobre 1890, dans son article 61, voulut mettre un terme à ces controverses et permettre aux agents de réaliser ces couvertures, sans avoir recours aux formalités du C. de commerce ; « Lorsque les couvertures consistent en valeurs, l'agent de change a le droit de les aliéner et de s'en appliquer le prix, faute de livraison ou de paiement à l'échéance, par le donneur d'ordre ». Malheureusement ce décret n'a vu que l'intérêt des agents de change et a complètement oublié celui des tiers : de plus, il est absolument antijuridique d'admettre qu'un décret particulier puisse modifier une loi. Les agents ont gardé l'habitude de faire signer des acquiescements à des ventes futures amiables, par leurs clients.

Quant à la nature juridique de la couverture, le décret ne la règle pas ; c'est que cette nature ne peut être fixée d'une façon complète : on ne peut affirmer que la couverture soit toujours et en tous les cas un paiement anticipé, convrant toute exception de jeu à invoquer ou qu'elle soit toujours un gage. C'est une question de fait (1) et il faut avant tout se rendre compte de l'intention des parties. Il est, par exemple, de jurisprudence constante que la couverture constitue un paiement anticipé et volontaire, lorsqu'elle a été versée en argent, en titres au porteur facilement réalisables et que le dépositaire a reçu mandat de faire pour le déposant une série d'opérations. Il y a paiement anticipé et volontaire, surtout lorsque le client a été tenu au courant des opérations, et a ratifié les comptes de son mandataire. (Cass. 27 nov. 1882. S. 83. 1. 211). Lorsque le client a entendu, ainsi qu'il peut être prouvé par les circonstances, conférer à son intermédiaire la faculté permanente d'aliéner les titres. (Cass. 9 déc. 1895. Le Droit, 2 et 3 janv. 1896. — Besançon, 27 déc. 1882. S. 83. 2. 129). Il importe peu même que les valeurs remises comme couverture fussent nominatives, si le client a préalablement signé un ordre de transfert et ne l'a pas révoqué lors de la réalisation des titres. (Cass. 9 déc. 1895 précité). Si le perdant agit en revendication d'une pareille couverture dont le montant a servi, conformément à ses instructions, à régler ses différences, il est repoussé en vertu de l'article 1967. (Cass. 4 août 1880. S. 80. 1. 147. — 22 mai et 9 déc. 1895. S. 97. 1. 385. — 8 février 1897. S. 97. 1. 391. — 15 et 22 fév. 1897. S. 97. 1. 392. — Cass. 31 mai 1897. S. 98. 1. 497).

Mais il n'en serait plus de même lorsqu'il serait prouvé que les valeurs n'ont pas été remises à titre de paiement volontaire, mais qu'elles sont restées immobilisées dans les mains de l'agent à titre de gage. (Cass. 12 déc. 1884. S. 86. 1. 368), et si une opposition intervient de la part du client

---

(1) Thaller, n° 786. — Lyon-Caen et Renault, t. IV, n° 991.

qui retire son mandat. La couverture n'est qu'un nantissement et l'agent n'a pas le droit de se l'approprier sans aucune autre formalité. La sanction légale serait pour lui d'engager sa responsabilité et de s'obliger à remplacer les titres vendus à la légère. (Paris, 28 nov. 1858. S. 59. 2. 81. — 19 nov. 1864. S. 64. 2. 281. — Bordeaux, 25 août 1858. S. 59. 2. 81. — 3 janvier 1860. S. 60, 2. 541. — Paris, 13 juin 1868. S. 68. 2. 208. — 11 juillet 1887. S. 87. 2. 345).

Il est aussi admis d'une façon générale que l'agent, qui a déterminé et accepté le montant d'une couverture, ne peut en cours d'opération, réclamer un supplément de couverture que l'on désigne, dans certaines Bourses étrangères, sous le nom de *marge,* et menacer son client, en cas de non paiement, d'éxécution immédiate (1). Alors même que l'agent s'apercevrait que les différences à payer dépasseront de beaucoup la couverture remise.

Il y a encore, au point de vue des couvertures, une restriction toute spéciale lorsque l'opération de Bourse prend la forme d'un « marché à prime », l'agent de change n'est pas libre de fixer arbitrairement le montant de la couverture à réclamer dans ces marchés. Nous étudierons cette particularité, en même temps que les marchés à prime (2).

(1) Thaller, n° 785.
(2) V. plus loin p. 174.

DEUXIÈME PARTIE

MARCHÉS A TERME

SECTION II

Mécanisme des Marchés à terme

MÉCANISME DES MARCHÉS A TERME

CHAPITRE PRÉLIMINAIRE

Règles générales.
Fixation des quantités.
Fixation des liquidations — Valeurs admises à la cote.

Les marchés à terme ne peuvent se réaliser que suivant les prescriptions établies par le Règlement général des agents de change, modifié par le décret du 7 octobre 1890.
1° Une des premières obligations, prévues par l'article 106 du Règlement général, est de n'opérer ces marchés que pour *certaines quantités* : « Les marchés à terme et les engage-
» ments qui les expriment se font, par les sommes et
» quantités ci-après, pour chaque espèce d'effets et leurs
» multiples : 2500 de rente : 5 %; 2250 : 4 1/2 %; 2000 :
» 4 %; 1500 : 3 % ; 25 actions et obligations ».

La Chambre syndicale détermine les multiples pour les négociations de valeurs étrangères.

Cette fixation arbitraire du nombre des valeurs montre bien que l'immense majorité des marchés à terme, sont considérés par les agents de change eux-mêmes, comme fictifs, autrement comment pourrait-on imposer aux acheteurs un certain nombre de valeurs à acquérir, sans tenir compte de leurs besoins réels. On a critiqué cette disposition du règlement ; on s'est d'abord demandé qu'elle était son utilité. Cette manière d'opérer ne pouvait s'expliquer que par la commodité qu'y trouvent les agents de change à faire leurs liquidations. Ce à quoi Bozérian (1) dans son *Traité des opérations de Bourse* répond que cette intérêt n'est pas suffisant pour justifier « cette obligation d'opérer sur de » gros chiffres». C'est aux agents de change à s'incliner devant les exigences du public. « Les agents de change investis du monopole, sont tenus de prêter leur ministère au public, toutes les fois qu'ils en sont requis. c'est pour eux, non pas une faculté, mais un devoir.» Quelle que soit l'importance de l'ordre, quelle que soit la quantité des valeurs qu'il faille acheter ou vendre, puisque le public ne peut rien faire légalement sans leur intermédiaire. il faut qu'il puisse y recourir en toute liberté. De quel droit, se demande Bozérian, peut-on priver un petit capitaliste ou rentier de réaliser un bénéfice sur une opération à terme, pourquoi peut-on l'empêcher de profiter de la différence qui existe entre le cours au comptant et le cours à terme ? Il lui faudra nécessairement vendre 25 actions à la fois; et s'il n'en possède que 5, il ne pourra opérer. Cette disposition bien qu'elle n'ait en aucune façon force légale . qu'elle ne fasse partie que des dispositions d'un règlement sans avoir reçu la sanction de l'autorité, était imposée aux

---

(1) Bozérian, t. I, p. 356 et Lyon-Caen et Renault, t. I, n° 1508 et en note. — Thaller, n° 749.

spéculateurs. L'agent avait toujours la ressource, si le client insistait, de répondre que l'opération lui avait été impossible à exécuter.

Les opérateurs ne peuvent pas non plus fixer arbitrairement le terme de l'échéance ; il faut, en effet, que ces termes correspondent aux jours de liquidation, c'est-à-dire aux époques déterminées par les agents pour la réalisatiou en bloc des opérations faites entre eux (1). Décret du 7 octobre 1890 (A 60 et 82). Ces liquidations, que nous étudierons plus tard, ne se faisaient qu'aux fins de mois ; en 1844, la Chambre des Agents de change fixa une liquidation le 15 de chaque mois pour les actions de chemin de fer , mais elle fut supprimée en 1859. (Arrêté de la Chambre syndicale du 7 mai); elle est encore admise pour certaines valeurs de spéculations, mais ce n'est que l'exception. En général, les opérations ne sont fixées que pour les termes « fin du mois »; elles ne peuvent, aux termes de l'article 103 de l'ancien Règlement, « avoir lieu pour un terme plus éloigné que la deuxième liquidation, à partir du jour où le marché est conclu»; elles seront donc stipulées « fin courant ou fin prochain », c'est-à-dire le dernier jour du mois où l'on opère ou le dernier jour du mois suivant. Aux termes de l'article 105, les agents sont tenus de se donner réciproquement, pour l'exécution des marchés à terme, des engagements timbrés par la caisse commune, dûment signés et qui sont échangés avant la Bourse suivante. Pour couvrir sa responsabilité, l'agent fait parfois signer un engagement semblable par son client. Cette fixation des termes permet aux agents de diminuer les risques résultant de l'incertitude des évènements, risques qui ne peuvent qu'augmenter avec les délais, d'éviter l'encombrement

(1) Buchère, no 488.

causé par le grand nombre des opérations et le nombre très restreint des agents et enfin de multiplier leurs courtages (1).

Enfin, toutes les valeurs ne peuvent pas être négociées à terme. En admettant une valeur à la côte, la Chambre syndicale décide si elle pourra être négociée à terme (2).

Les marchés à terme se subdivisent en deux catégories : les marchés fermes et les marchés libres à prime, ce sont ces différentes sortes de marchés que nous allons étudier.

(1) Buchère, n° 488. — Courtois, p. 146. — Bozérian, n° 970.
(2) Lyon-Caen et Renault, t. IV, n° 956.

CHAPITRE Ier

Marchés Fermes

Définition — Bordereaux.
Responsabilité de l'agent.
Marchés par application.

« Les marchés fermes sont ceux qui obligent à la fois
» le vendeur et l'acheteur, sans que ni l'un ni l'autre ait
» la faculté de se libérer de son engagement, même en
» payant un dédit » (1).

Quels que soient les évènements, que la hausse ou la baisse se produisent d'une façon exagérée, aucune des parties ne pourra rompre son contrat. Le jour de la liquidation arrivé, le marché s'exécutera par une livraison, ou un paiement complet, ou par le paiement de différences. Si l'une des parties veut malgré tout reculer son échéance, elle devra trouver une tierce personne qui se substituera à elle et exécutera à sa place : c'est le report que nous étudierons plus loin. L'acheteur peut, comme dans tous

---

(1) Lyon-Caen et Renault, n° 1510, t. VI, n° 958. — Thaller, n° 756. — Buchère, n° 495.

les marchés à terme, exiger à sa volonté la livraison des valeurs contre le paiement du prix convenu avant le terme indiqué. Cette modalité du marché, visée par l'article 104 de l'ancien Réglement, confirmée par l'article 63 du décret de 1890, est connue, en termes de Bourse, sous le nom « d'escompte ». Elle est toujours réservée, d'une manière expresse, dans les engagements échangés entre les agents de change. Ces engagements, signés des agents et des parties, forment les véritables titres ; ils peuvent être invoqués, comme preuves des conventions, vis-à-vis des parties et ont force obligatoire entre les agents. La nécessité de laisser ignorer aux spéculateurs le nom de leur contre-partie nécessite un double échange d'engagements : d'abord entre les agents, ensuite entre chaque agent et son client.

Le jour de l'opération, les deux agents de change qui ont fait réciproquement l'offre et la demande, après avoir conclu le marché, l'inscrivent chacun sur leur carnet et le pointent à la fin de la Bourse. Le lendemain, à la Bourse, les agents se remettent l'un à l'autre leurs engagements respectifs ou bordereaux, portant leurs noms, mais non pas celui de leur client, dans la forme suivante : (1)

L'agent vendeur :

    LIQUIDATION DE... Fr. 1500 3 % à 101 : Fr. 50.500

      Paris le... Vendu à (Nom de l'agent acheteur)
QUINZE CENTS FRANCS de rente 3 % livrables fin (courant ou prochain) fixe ou plutôt *à sa volonté* contre le paiement de la somme de 50.500 fr.
          Fait double.
         Sign. de l'agent vendeur.

(1) Frémery, p. 34 et suiv.

L'agent acheteur remet en échange :

> LIQUIDATION DE...   Fr. 1500 3 % à 101 : Fr. 50.500
>
> Paris le...   Acheté à (Nom de l'agent vendeur) QUINZE CENTS FRANCS de rente 3 % livrables fin (courant ou prochain) fixe ou plutôt *à ma volonté* contre le paiement de la somme de 50.500 fr.
>
> Fait double.
Sign. de l'agent acheteur.

Dès que cet échange a eu lieu entre les deux agents, l'agent du vendeur remet à son client l'engagement suivant :

> LIQUIDATION DE...   Fr. 1500 3 % à 101 : Fr. 50.500
>
> Vendu à M. (Nom de l'agent acheteur), d'ordre et pour compte de M. (Nom du client vendeur), QUINZE CENTS FRANCS de rente 3 % livrables fin (courant ou prochain) ou plutôt à la volonté de l'acheteur contre le paiement de la somme de 50.500 fr.
>
> Fait double.
Sign. de l'agent vendeur.

Le client, à son tour, signe l'engagement suivant :

> Vendu par (Nom de l'agent de change vendeur), par mon ordre et pour mon compte, QUINZE CENTS FRANCS de rente 3 % livrables fin (courant ou prochain) ou plutôt à la volonté de l'acquéreur contre le paiement de la somme de 50.500 fr.
>
> Fait double.
Sign. du client vendeur.

De son côté, l'agent de l'acheteur remet à son client un engagement pareil à celui remis par l'agent vendeur à son donneur d'ordre, et il en reçoit un engagement conçu dans des termes analogues à ceux exprimés dans l'engagement remis par le client vendeur à son mandataire. Les termes « vendus » sont remplacés par les mots « achetés » et il est stipulé que la livraison se fait fin (courant ou prochain) ou plutôt à la volonté du client acquéreur.

En examinant ces engagements, nous voyons que toujours la livraison à la volonté de l'acheteur y est formellement exprimée. Cette faculté que l'acheteur possède, n'aura aucun inconvénient lorsqu'on se trouvera en présence de marchés sérieux, si le vendeur possède réellement ces titres en portefeuille ; peu lui importe de livrer les titres avant le jour de l'échéance, mais comme, en règle générale les marchés à terme se font à découvert, si l'acheteur use de son droit de réclamer les titres avant le délai fixé, le vendeur devra pour remplir immédiatement ses engagements, se procurer des titres : il pourra être « enlevé » pour des sommes considérables. Il peut se faire, en effet, que l'acheteur ait choisi, pour la livraison anticipée, un moment critique où il y a très peu de valeurs en Bourse, où lui-même après les avoir accaparées les possède en totalité, dans ce dernier cas, le vendeur sera complètement à sa merci.

Dans certains cas, l'acheteur ou les acheteurs d'un commun accord usent de leur droit de réclamation anticipée, pour faire hausser les valeurs en forçant l'achat : c'est un des nombreux moyens d'agiotage.

RESPONSABILITÉ. — Grâce à ces engagements successifs chaque agent est responsable vis-à-vis de son client et les deux agents de change sont responsables entre eux; mais l'agent de change n'est pas responsable vis-à-vis de *son client de la solvabilité de son confrère* avec qui il a traité (1). Bozérian compare le client à un commettant qui ferait vendre des marchandises par un commissionnaire non garant de l'acheteur. L'agent, comme le commission-

---

(1) Buchère, n° 870 et suiv.

naire, opère en son nom sans même faire connaître le nom de son mandant ; il est, comme le commissionnaire, responsable vis-à-vis de celui avec qui il a traité, de celui pour qui il agit ; mais il n'est pas responsable vis-à-vis de ce dernier de la solvabilité de celui avec qu'il a traité. L'agent ne doit tenir compte à son client de ce qu'il reçoit par compensation, paiement et, s'il ne reçoit rien, il ne doit rien fournir.

Cependant l'agent devient personnellement responsable du marché vis-à-vis de son client, lorsqu'il opère lui-même, lorsque par hasard un client lui donne ordre de vendre à terme, une certaine quantité de valeurs, tandis qu'un autre client lui demande d'acheter au même terme les mêmes valeurs. L'agent, sans recourir à l'intermédiaire d'un confrère, exécute les deux ordres entre ses mains et devient responsable de la solvabilité des clients vis-à-vis de l'un et de l'autre. Dans ce cas, l'agent ne peut employer les formules « Acheté de (nom de l'agent vendeur) ou « vendu à (nom de l'agent acheteur)... Il n'y a ici qu'un seul agent intermédiaire entre deux clients, les termes des engagements suscités sont remplacés par ceux-ci : « Vendu à client... » « Acheté à client ». Ces expressions sauvegardent la règle de ne jamais faire connaître, à un donneur d'ordre, le nom de sa contre-partie et ils entraînent la garantie peronnelle de l'agent. Pour obtenir cette garantie personnelle dans les cas ordinaires, les clients demandent que la formule habituelle des engagements soit remplacée par cette formule exceptionnelle : « Vendu à client »... Il est même d'un usage assez constant que l'agent, tout en ne se servant pas de cette formule « Vendu à client », reconnaisse simplement qu'il a reçu les titres de son client, s'il est vendeur, qu'il en a reçu les sommes, s'il est acheteur : de cette façon, il s'engage personnellement. Le client a la garantie de l'agent avec lequel il a traité, qu'il a choisi à raison de sa solvabilité et ne doit pas se contenter uniquement de la garantie que peut lui offrir un agent qu'il ne connaît pas (1).

(1) Ce marché a reçu la dénomination de *marché par application*. Il ne faut pas le confondre avec le marché où l'agent exécute l'ordre *entre ses mains* et sert lui-même de contre-partie à son client. Voici des exemples qui feront saisir la différence : Paul ordonne la vente à son agent L. et C¹ᵉ, de 20 obligations P. L. M., l'agent peut lui acheter personnellement ces valeurs et faire la contre-partie, le marché est valable. Mais si Pierre ordonne en même temps l'achat de 20 obligations pareilles, l'agent peut faire deux choses : 1° ou bien acheter à Paul et vendre *ensuite* à Pierre les obligations, après avoir été un instant propriétaire ; il y a deux opérations successives, faites de la main à la main, donc double droit fiscal ; 2° ou bien ne servir que *d'intermédiaire* et appliquer à Pierre les obligations appartenant à Paul. Il n'y a qu'une seule opération, un simple droit ; mais celui qui fait ce marché doit être un agent de change (art. 76 du C. de comm.), puisqu'il ne sert que d'intermédiaire.

CHAPITRE II

Marchés à Prime

Définition — Légalité — Nature juridique de la prime.
Formalités — Utilité.
Particularités au sujet de la couverture.

» Le marché libre ou à prime est un marché à terme
» dans lequel l'acheteur se réserve, moyennant une prime
» convenue, le droit de ne ne pas exécuter le marché à
» l'échéance (1). » Nous avons vu le danger que pouvaient
présenter les marchés fermes : les contractants, ne s'étant
pas réservé la faculté de se délier de leurs obligations,
doivent en subir toutes les conséquences éventuelles ; que
la hausse ou la baisse se produisent, l'acheteur ou le vendeur devront exécuter quelle que soit leur perte : ils n'ont
que la seule ressource de se faire reporter. Grâce à la clause
insérée dans les marchés à prime, l'acheteur aura la faculté
ou d'exiger la livraison des titres, si les cours lui sont favorables, ou si le marché lui est défavorable, il pourra

(1) Thaller, n° 758.

renoncer à son contrat, en abandonnant la somme fixée d'avance à titre de dédit et appelée « prime ».

Ces marchés ont attiré un grand nombre de spéculateurs : d'abord par leur forme de marchés à terme, ensuite par l'utilité que présentait cette prime. L'acheteur, en faveur de qui elle est faite d'habitude, y voit le moyen de limiter sa perte sans restreindre son gain : que la hausse soit plus ou moins forte, il « lèvera les titres » et réalisera un bénéfice. Le vendeur sera attiré par l'espoir de toucher la prime, si une baisse assez forte se produit, sans avoir à livrer aucun titre : en effet, l'acheteur, dans ce dernier cas, n'exigera pas la livraison des titres qui lui occasionnerait une perte et « abandonnera simplement la prime ».

Ces marchés ont soulevé les plus grandes critiques (1). Bozérian (t. 1, n° 303) écrit : « Quant aux marchés à prime, ils sont triplement illégaux. Illégaux par leur caractère de marchés à terme, illégaux par la manière dont sont reçus les engagements, illégaux enfin, par la faculté qu'à l'acheteur de donner suite au marché ou d'y renoncer, suivant son caprice. » La loi de 1885 a fait disparaître la première objection, en déclarant la légalité des marchés à terme. Le second reproche était le même que celui adressé aux marchés à terme en général. Par suite de la série d'engagements que l'agent contracte vis-à-vis de son client, naît une responsabilité contraire à l'article 86 du Code de commerce. Cet article a été abrogé par la loi de 1885 : il eut été illogique de déclarer la légalité des marchés à terme sans en permettre l'exécution, comme nous l'avons montré en étudiant l'article 3 de la loi de 1885.

NATURE DE LA PRIME. — Reste, enfin, la troisième objection basée sur la nature de la prime et la possibilité de son

(1) Bozérian, t. I, n° 303.

abandon : « Ils sont illégaux, dit Bozérian en parlant de ces marchés, par la faculté qu'a l'acheteur de donner suite au marché ou d'y renoncer suivant son caprice ». C'est, d'après cet auteur, une obligation conditionnelle qui se forme entre les deux opérateurs et cette condition est purement potestative. Suivant le gré de l'acheteur, il lèvera les titres ou abandonnera la prime. Cette condition, aux termes de l'article 1174 du Code civil, entraîne la nullité de toute convention. De plus, on ne peut assimiler ces primes aux arrhes de l'article 1590 « promesse de vendre avec arrhes »; car les arrhes permettent aux deux parties contractantes de se départir de leurs engagements, en abandonnant les arrhes déjà remises ou en remettant le double de celles reçues. Aucune assimilation possible avec la prime, la possibilité n'appartient qu'à l'acheteur en général et d'un autre côté, il n'y a pas promesse de vente, mais achat fait sous condition résolutoire potestative.

Cette objection a bien été résolue par la loi de 1885, qui crée présomption légale, en faveur du caractère sérieux de tout marché à terme, en général, et en proclame la légalité sans faire de distinction pour ou contre les marchés à prime ; mais de plus, ces marchés accompagnés de cette modalité ne sont en aucune façon contraires aux principes exprimés dans les articles du Code civil. Cette prime, grâce à l'abandon de laquelle l'opérateur peut se dispenser de remplir ses obligations, n'est pas une condition purement potestative, la prime forme bien, au contraire, une véritable *clause pénale*, qui crée un intérêt pour les parties et rend valable l'obligation (1).

Si la jurisprudence se montrait autrefois rigoureuse pour ces marchés à prime, elle les condamnait surtout en

---

(1) Thaller, n° 758.

tant que marchés à terme. (Trib de Comm. de la Seine, 12 décembre 1855. J. T. C.., 1856, p. 82). Les tribunaux appréciaient le caractère de ces marchés à prime et les rejetaient comme peu sérieux qui devaient se liquider par des différences. Mais la nature de la prime considérée comme clause pénale, et la validité du marché à prime considéré comme obligation conditionnelle ou alternative furent reconnus par la jurisprudence dans plusieurs arrêts. (Amiens. 25 avril 1825. Dall. Rép. Oblihations n° 1147. — Rouen, 12 novembre 1852. S. 52. 2, 232. — Lyon, 6 février 1857. S. 57. 2. 560. — Cass. 30 juin 1857. 4 juillet 1859, S. 59, 1. 826 et 758. — Cass. 21 janvier 1878. S. 78. 1. 269).

Mais si d'habitude, l'acheteur a le rôle le plus favorable dans les marchés à prime, si la levée des titres ou l'abandon de la prime se fait à sa volonté, s'il peut même anticiper sur le terme et réclamer l'exécution du marché, avant le jour de l'exécution, le vendeur peut parfois, par une convention spéciale, retourner le marché et se réserver à lui-même cette double faculté. C'est le marché à « *prime pour recevoir.* » Cette stipulation est même commune à la Bourse de Londres. En France, ces opérations se traitent en coulisse et n'ont aucune existence légale.

C'est en coulisse également que se traitent les opérations dites de « petites primes », c'est-à-dire les achats à prime pour le lendemain ou pour la durée de la Bourse. L'on achète ou l'on vend du 3 % à prime dont un sou et pour vingt-quatre heures. Elles ne sont pas légales, surtout parce qu'elles ne sont pas régulièrement faites par l'intermédiaire d'un agent de change. Ce n'est plus uniquement l'exception de jeu qu'on pourrait, le cas échéant, invoquer ici, mais bien encore l'exception de coulisse et l'article 76 du Code de commerce (1), Lorsque ces opérations à petites

(1) Thaller, n° 807.

primes sont faites sur des valeurs non côtées en Bourse, et qui par conséquent peuvent être vendues en coulisse, on serait tenté de croire que ces opérations sont alors valables, mais il faut se rappeler que si la jurisprudence, malgré la généralité des termes de l'article 76, a admis la validité des opérations en coulisse sur valeurs non côtées en Bourse : c'est à la condition que l'opération traitée en coulisse soit faite suivant les règlements du parquet, au point de vue des quantitées négociées et des termes de liquidation (1). Un agent libre ne pourrait pas passer valablement un ordre pour un nombre de titres inférieur au minimum autorisé sur le marché officiel, ni prêter son mininistère à une opération faite au delà de fin prochain, et de même à des liquidations de jour à jour.

Les marchés à prime s'effectuent de la même manière que les marchés fermes et au moyen d'échange d'engagement (2).

La forme des engagements que nous avons citée plus haut et que les agents se remettent entre eux, ou échangent avec leurs clients, n'est pas modifiée, il n'y a que l'entête de changée.

LIQUIDATION DE... MARCHÉ LIBRE.

Fr. 1500 de rente 3 c/o. 101 dont 1 fr. 50.500

Vendu à (Nom de l'agent acheteur), d'ordre et pour compte de M. (Nom du client), QUINZE CENTS FRANCS de rente 3 % livrables fin (courant ou prochain).

Cette modalité du contrat s'exprime en terme de Bourse d'une façon singulière : les agents disent, en prenant l'exemple cité : acheté 1500 fr. de rente 3 % à 101 *dont* 1.

(1) Thaller, 841 en note.
(2) Bozérian, n° 72. — Frèmery, p. 39.

Dans ce cas, la prime ou l'indemnité que l'on devra abandonner, en cas de dédit, sera de 1 franc par titre, soit sur 1500 fr. de rente à 3 % ou 500 titres : 500 francs. Cette somme est versée d'avance à l'agent et sert de garantie. Au jour de la liquidation, si l'agent de change exécute le marché, s'il *lève les titres*, il devra verser le supplément de la somme, soit 50.000 francs, les 500 autres francs ayant déjà été payés. C'est ce qu'on appelle consolider le marché. S'il ne réalise pas, il se contente d'abandonner la prime.

Si l'on consulte les journaux donnant les cours des valeurs de Bourse, on verra que les marchés fermes sont toujours moins chers que les marchés à prime : en effet, la position des contractants est toute autre dans ces derniers que dans les marchés fermes. L'acheteur se trouve dans une situation exceptionnelle : il peut avancer la livraison des effets, et d'un autre côté limiter sa perte, si la baisse se produit. Quant au vendeur, on comprend très bien qu'il se fasse payer davantage, en raison des risques qu'il peut courir, s'il vend ferme. Il peut, à vrai dire, faire un bénéfice net, lorsque la baisse étant par trop sensible, l'acheteur lui abandonne la prime : le vendeur garde les titres et la somme payée d'avance ; mais il est exposé, dans le marché à prime comme dans le marché ferme, à se voir escompter, c'est-à-dire à voir l'acheteur lui réclamer les titres avant la liquidation ; et son gain est toujours limité à l'abandon de la prime. Ce sont ces motifs qui expliquent la différence qui peut exister entre les cours des marchés fermes et des marchés à terme. Si le 3 % ferme est à 101,60, il se peut très bien que le même jour, à la même Bourse, il soit à prime à 102. Cet espoir de gagner la prime sans livrer les titres, est bien peu de chose à côté des risques considérables que courent les vendeurs dans ces marchés, lorsque surtout ils vendent à découvert. Ils ne peuvent compter que sur un bénéfice incertain et toujours limité; ils s'exposent à des pertes énormes, s'ils sont escomptés au moment défavorable; malgré tout, le nombre de ces marchés à prime est considérable et la plupart des vendeurs à prime en Bourse de Paris, sont des vendeurs à découvert. Ils se laissent éblouir par l'espoir de recueillir la prime et n'envisagent qu'un seul résultat possible : le succès, sans tenir compte de l'autre résultat tout aussi fréquent : la perte. De plus, il y a toujours en Bourse autant de « haussiers » que de « baissiers » et ces derniers, lorsqu'ils croient à l'affaissement des valeurs, ne reculent souvent devant aucun danger.

Taux de la prime. — Le taux des primes est essentiellement variable (1) : la prime est dont 0,25, dont 0,50 ou dont 1 ; dans les temps de crise, on vit parfois les primes monter à 2 et au dessus par titre de rente ou valeurs industrielles et même dont 10 et dont 20 pour certaines actions. La différence qui existe entre le cours du marché ferme et du marché à prime est, elle-même sujette à de grandes variations qui influent sur le taux de la prime. Lorsque le cours du marché ferme se rapproche sensiblement du cours du marché à prime, la prime tend à s'élever. En effet, le vendeur, qui se trouve dans une situation assez désavantageuse et qui est surtout attiré à conclure sans marché que dans l'espoir de toucher la prime sans remettre les titres, s'il voit que la différence entre les deux cours est très faible, comprendra qu'il y a beaucoup de chance que la hausse dépasse le niveau de la prime et que l'acheteur lève les titres. Il court donc le risque de ne pas toucher la prime : en tenant compte de ce risque, il

(1) Lyon-Caen et Renault, t. IV, n° 690. — Thaller, n° 759.

augmentera le chiffre de cette prime. Si l'écart entre les deux cours est considérable, les chances diminuent pour l'acheteur : la hausse atteindra plus difficilement le prix de la prime et il est moins probable qu'il réalise le marché en levant les titres. Le vendeur, au contraire, a plus d'espoir de toucher et il a, par conséquent, une tendance à baisser le taux. Le 3 %, par exemple, est à 102 ferme et je vends à 102,50 à prime, le titre sera plus facilement levé que si je vendais à 103 ; en effet, la hausse atteindra plus facilement 102,50 que 103. L'acheteur si la hausse atteint le chiffre de la prime demandera l'exécution du marché et je ne toucherai pas la prime, comme j'ai plus d'espoir de toucher la prime en vendant à 103, qu'en vendant à 102,50 ; je mettrai, dans le premier cas, prime dont 0,50 et dans le second dont 1.

Le jour de la liquidation, au moment où le marché doit s'exécuter, l'agent de change, et même le donneur d'ordre, ne savent pas quel sera le dernier résultat du marché : si les titres seront levés ou si l'on se contentera d'abandonner la prime. Ce résultat aura une importance énorme sur les cours du marché : si les acheteurs trouvent le cours favorable, ils lèvent les titres et tous les vendeurs à prime, qui ont opéré à découvert, se voient dans la nécessité de se procurer les titres ; comme les demandes sont nombreuses, les cours monteront facilement. Si, au contraire, les primes sont abandonnées, ces demandes ne se produiront pas et l'on verra parfois des opérateurs prudents qui, après avoir opéré à découvert, se sont garnis les mains, se trouvant possesseurs de titres qui ne sont pas demandés, les rejettent sur le marché et produisent plutôt une dépréciation sur les cours. La *réponse des primes* influe donc d'une façon considérable sur les cours : elle produit au moment de la liquidation une hausse ou une baisse qui peut étonner ceux qui croient que la variation des cours dépend surtout des évènements politiques.

Réponse des primes. — La réponse des primes se fait à un même moment pour tous les acheteurs à prime (1). Ce jour peut varier avec les différentes Bourses. Le Décret du 7 octobre 1890, article 64, déclare, en effet, que « les règlements prévus à l'article 82 fixent les jours et heures auxquels la déclaration de consolidation ou d'abandon des marchés à prime, doivent intervenir... », et l'article 82 ajoute : « Il est statué par les règlements particuliers délibérés par les Compagnies d'agents de change, homologués, suivant le cas, par le ministre des finances, par le ministre du commerce ou de l'industrie et publiés au *Journal Officiel.* A Paris, d'après le règlement actuellement en vigueur, c'est la veille de la liquidation, à une heure et demie précise, que l'acheteur doit déclarer au vendeur s'il lève la prime ou l'abandonne. Pendant un délai de cinq minutes, on suspend toutes les opérations, et c'est alors qu'a lieu la réponse des primes : l'acheteur considère quel est son avantage : il étudie le cours. Si la valeur est en hausse, il n'y a aucune difficulté : il demande la livraison des titres ; si elle est en baisse, mais que la différence qu'il devra payer n'est pas aussi forte que la prime, si, par exemple, il achète du 3 0/0 à 102 dont 0,50 et que le 3 0/0 tombe à 101.75, la valeur est en baisse ; mais la différence à payer par titre est de 0,25 c. et la prime est de 0,50 c. il lèvera encore les titres et préférera payer une différence de 0,25 plutôt que d'abandonner la prime. Enfin si la baisse est trop forte, si le titre acheté à 102 dont 0,50, tombe à 101, son intérêt sera d'abandonner

(1) Lyon-Caen, 961. — Buchère, n° 503.

la prime dont 0,50, plutôt que de perdre 1 fr. par titre. En résumé, le donneur d'ordre acheteur ou bien abandonne la prime ou bien prend livraison des titres et paie la somme convenue au jour du marché, mais en déduisant le prix de la prime qui a été versée d'avance.

Couverture. — Il faut, en effet, payer d'avance la prime ; le prix sert de garantie à l'agent de change, mais cette garantie n'est pas toujours suffisante (1). Au début de l'opération, l'agent et le client ignorent le résultat définitif de l'opération. Si elle se termine par l'abandon de la prime la garantie est suffisante, mais si le spéculateur veut la livraison des titres, les différences pourront être supérieures à cette couverture. La logique voulait que, dans ces marchés à prime qui ne sont qu'une modalité des marchés à terme, l'agent de change pût demander une couverture ; or, le Décret de 1890 pose ici une exception restrictive qui fut souvent critiquée. L'article 62 dit « lorsque le donneur d'ordre s'est réservé d'abandonner le marché moyennant une prime, la couverture exigée ne peut-être supérieure au montant de la prime ». Le seul donneur d'ordre, qui se réserve d'habitude l'abandon du marché, c'est l'acheteur, vis-à-vis du vendeur, sauf pour les marchés « à prime pour recevoir », l'agent se trouve dans la règle générale et peut lui demander une couverture suffisante.

Mais pour l'acheteur à prime, la couverture ne peut être supérieure à la prime et dans certain cas elle est insuffisante. Les rédacteurs du Décret de 1890 se sont aperçus de la lacune de l'article 62, et pour y remédier ils ont complété cet article par ces mots : « Sauf à l'agent de » change à exiger qu'il lui soit remis le jour de la réponse

(1) Buchère, n° 509.

» et dans un délai déterminé, avant l'heure fixée, un sup-
» plément de couverture. Faute par le donneur d'ordres
» de satisfaire à cette demande, l'agent est en droit de
» liquider l'opération, à l'expiration du délai imparti au
» donneur d'ordres. »

Or, en voulant protéger ainsi les agents de change et rectifier l'article 62, le décret a été trop loin. Si l'on n'avait aucune règle exceptionnelle pour les couvertures des marchés à prime, l'agent de change et le donneur d'ordre auraient pu discuter amiablement, avant tout commencement de marché, la couverture à fournir. Au contraire, l'opération peut être commencée, dans ce cas, sans couverture suffisante, le client en livrant les primes peut exiger l'intervention d'un agent de change qui, en tant qu'officier ministériel, doit intervenir. Mais quelle sera la situation de l'acheteur ? Le jour de la réponse des primes, quelque temps avant l'heure fixée, l'agent pourra réclamer à son client une couverture sous la menace d'exécuter le marché à son gré. L'acheteur à terme sera à la merci de l'agent de change et ne pourra pas discuter la couverture réclamée, comme il aurait pu le faire avant toute conclusion du marché.

En pratique, les choses ne se passent pas ainsi. Le ministère de l'agent est bien forcé ; mais il a toujours la ressource d'affirmer qu'il n'a pas trouvé de contre-partie. De plus, comme l'opérateur à prime fait rarement une opération isolée, l'agent de change peut lui demander une couverture en bloc pour les autres marchés, sans tenir compte de la prime. Et enfin, le client peut lui-même être convaincu des inconvénients qui peuvent résulter de la réclamation d'une couverture, le jour de la réponse des primes et pour éviter cette situation, offrir par convention et amiablement une couverture supérieure à celle exigée par le décret.

CHAPITRE III

Escompte

Définition — Historique.
Formalités : Escompte direct et indirect.
Paiement des différences.
Différents cas d'escompte.

L'acheteur, ainsi que nous l'avons déjà vu dans les marchés fermes ou à prime, se réserve d'habitude le droit de réclamer par anticipation les valeurs à livrer. Cette faculté constitue ce qu'on appelle, en terme de Bourse, le *droit d'escompte*. Le but, que visent ceux qui usent de cette possibilité, n'est souvent qu'un but d'agiotage ; peu leur importe, en général, de posséder quelques jours d'avance, les titres dont la destinée est d'être remis en circulation, mais ils veulent créer une hausse factice, en forçant les demandes d'achat ; quelque fois même, ayant pris la précaution d'acquérir petit à petit les titres sur le marché, ils obligent les vendeurs à leur acheter à un prix très élevé des titres qui leur seront aussitôt remis.

On a voulu donner une origine à ces opérations

d'escompte (Annuaire de la Bourse de la banque, p. 1857 p. 295); l'usage, disait-on, avait été introduit dès l'origine, afin de mettre les contrats à l'abri des prohibitions de la loi et de la jurisprudence (1) ; le marché à terme, accompagné de cette formalité, était bien sérieux et ne devait point se régler par le paiement de simples différences, puisque l'acheteur avait le droit de renoncer au terme et de réclamer la livraison anticipée des titres. Mais, comme à cette époque, la loi prohibait tous les marchés à terme, qui n'avaient point été précédés de la livraison ou du dépôt des espèces, l'agent qui s'était soumis à ces formalités n'avait aucun besoin des modalités de l'escompte pour se mettre à couvert. Et si l'opération avait été engagée sans livraison préalable, l'escompte ne suffit pas à valider son opération (2). Il faut, au contraire, rechercher l'origine de l'escompte dans les manœuvres de l'agiotage (3). L'escompte peut créer la hausse. L'escompteur ne réclame la livraison que dans la pensée que l'escompté sera obligé de racheter les titres, pour les livrer et que ses demandes d'achat influeront sur les cours. L'escompté, quelque dure que soit cette faculté d'escompte réservée à l'acheteur, aura toujours l'espoir de se dérober, en employant l'escompte indirect ; et de plus il consent à subir ce droit de l'acheteur, en pensant que ce dernier ne peut l'escompter sans payer le prix des titres. D'ordinaire, l'acheteur ne possède pas plus les sommes nécessaires que le vendeur ne possède les valeurs et il sera par suite dans l'impossibilité d'user de cette faculté. Les espérances des vendeurs sont souvent déçues ; de nos jours surtout, où des campagnies puissantes

---

(1) Bozérian, t. I, n° 85.
(2) Buchère, n° 527.
(3) Bozérian, t. I, n° 85 et suiv. — Frémery, p. 20 et suiv.

disposent de capitaux considérables, les escomptes sont fréquents et durent parfois des mois entiers. Les acheteurs aussi s'exposent dans ces opérations : si jamais les capitaux, sur lesquels ils comptaient au moment de l'escompte, viennent à leur faire défaut, ils devront rejeter sur le marché les titres qu'ils ont acquis par la réalisation de cette modalité. Ils voulaient produire la hausse par le nombre de demandes d'achat, ils accentuent, au contraire, la baisse en se débarrassant à tout prix des titres ainsi obtenus.

En règle générale, l'acheteur seul a le droit de provoquer cette livraison anticipée. En cas de vente de marchandises, c'est, au contraire, au vendeur qu'est réservée cette faculté : il a le droit, avant même que l'échéance du marché ne soit arrivée et au moment qu'il juge convenable, d'offrir à son acheteur la marchandise vendue. Le terme est supposé fait en sa faveur et il peut y renoncer. Cette livraison anticipée, dans les marchés de marchandises, se fait au moyen d'un ordre écrit que le vendeur remet à son acheteur et que l'on appelle « filière » ; cette filière est transmissible par voie d'endossement et l'acheteur, s'il a vendu à son tour, peut la transmettre avec son endos à son acheteur et ainsi de suite, jusqu'à ce qu'elle soit arrivée à un acheteur qui n'a vendu à personne. Or, dans les opérations sur les valeurs de Bourse, à moins de conventions contraires, c'est l'acheteur, et non le vendeur, qui a cette possibilité de devancer le terme.

Jusqu'en 1890, ce droit procédait de l'usage que l'on avait de l'insérer dans les conventions et dans les engagements que l'on échangeait en cas d'opérations : et cet usage était considéré comme tellement inhérent au marché à terme, que ce droit, alors même qu'il n'eut pas été réservé à l'acheteur par le bulletin spécial, constatant l'opération, n'en

devait pas moins être en dehors de toute contestation (1).
Un parère signé, en 1824, par MM. Laffite, Mallet, Périer,
Odier, et renouvelé en 1842, constate que ce droit est toujours compris dans les marchés (Paris, 18 mai 1866. S. 68.
2. 108. D. 68. 2. 1. — 6 janvier 1868, id. — Lyon, 28 juillet 1882. D. 83, 2. 26). Ce droit a été de nouveau confirmé
par le décret du 7 octobre 1890. L'article 63 dit, en effet :
« L'acheteur a toujours la faculté de se faire livrer par anti-
» cipation, au moyen de l'escompte, les valeurs négociées,
» soit qu'il ait traité ferme, soit qu'il ait traité à prime.
» Les escomptes donnent lieu à une liquidation anticipée.
» dont les conditions sont fixées par les règlements prévus
» à l'article 82. »

L'article ajoute : « Dans aucun cas, celui qui a bénéficié
d'un avantage quelconque pour effectuer une livraison en
report, ne peut user de la faculté d'escompte. » Cette question faisait autrefois difficulté : la doctrine luttait contre la
pratique qui avait fait admettre que l'escompte est toujours
sous entendu et que la clause « non escomptable », en dépit
de l'article 1156 et de la liberté des conventions, n'est pas
admissible. Deux arrêts de la Cour de Paris, 18 mai 1866 et
6 Janvier 1868 (cités plus haut), avaient appliqué ce principe
dans le cas où il y avait déport. Mais la doctrine, ayant à
sa tête M. Beudant (2) était restée en divergence avec la
jurisprudence. On admettait encore que dans l'opération du
report, lorsqu'elle avait été faite avec du report, c'est-à-dire,
lorsque l'acheteur à terme avait payé un supplément de
prix, il avait le droit de renoncer au terme, parce que
c'était à sa demande et dans son intérêt, que l'opération

---

(1) Badon Pascal, p. 140 et suiv. — Lyon-Caen et Renault en note, s. n° 1511.
(2) Beudant note 4, Paris, 18 Mai 1866 et 6 Janv. 1868, (D, 68. 2. 1). — Fuz. Her. Rep. « Marchés à terme », n° 153.

avait été reculée d'une liquidation ; mais s'il s'agissait d'une opération faite avec du déport la situation était toute différente. « Celui qui joue le rôle d'acheteur n'est plus celui dans l'intérêt duquel l'exécution du marché a été reculée, c'est, au contraire, celui qui s'est fait reporter, c'est-à-dire, le capitaliste qui est venu au secours du reporteur : en escomptant, ne va-t-il pas enlever à sa contre partie le bénéfice en vue duquel elle a reporté ? » (Note de Beudant sous les arrêts de Paris précités de 1866 en 1868).

Le décret de 1890 est venu trancher cette question en disant que, dans aucun cas, celui qui a bénéficié d'un avantage quelconque pour effectuer une livraison en report, ne peut user de la faculté d'escompte.

FORMALITÉS. — Voici comment s'effectue cette opération de l'escompte. Lorsque le client qui a acheté ferme ou à prime, veut user de cette faculté d'anticiper sur le jour du terme, il consigne entre les mains de son agent de change, qui a fait la négociation, le prix d'achat. L'agent de change se met immédiatement en mesure de lui procurer les titres ; il s'adresse à son confrère qui a fait la contre-partie du marché et lui escompte les valeurs. Le premier agent de change est l'escompteur, le second l'escompté. L'agent escompteur qui réclame la livraison prévient l'agent vendeur avant l'ouverture de la Bourse, par une affiche visée par le syndic ou l'un de ses adjoints. Cette affiche est placardée dans un tableau placé dans le cabinet de la compagnie : elle détermine le prix et la quotité des effets escomptés : elle doit avoir le format et être conforme au modèle accepté par la chambre syndicale, sous peine de refus de visa (Art. 108 du Règlement). En même temps que l'escompteur fait viser son affiche, il fait viser, par duplicata, deux bulletins portant ses noms et prénoms, l'indication des valeurs achetées, le cours et la somme à payer et portant la rubrique à livrer « chez moi contre... fr. ». L'un de ces bulletins est appelé provisoire ou *bulletin de prix d'escompte* ou simplement encore « noms provisoires ». Le second *bulletin définitif* ou simplement *noms définitifs*. Ces deux bulletins sont appelés par abréviation « noms », parce qu'ils portent les noms des agents contractants : ils sont tous les deux absolument identiques, mais leur qualification de définitif ou de provisoire, provient de l'usage auquel ils sont destinés. Le bulletin de noms provisoires, seul circulera, sera revêtu, s'il y a lieu, d'endossements successifs, et c'est le dernier jour de l'escompte, le lendemain du jour où les endossements successifs, et c'est le dernier jour de l'escompte, le lendemain du jour où les endossements sont terminés, que le dernier porteur des noms provisoires retirera le bulletin de noms définitifs des mains du porteur de ces noms pour les annexer au premier bulletin (1).

L'article 110 du Règlement général, dit « que le bulletin » provisoire doit être remis, le jour même de l'affiche avant » la Bourse, à l'agent acheteur ». Lorsque l'opération est unique, lorsqu'il n'y a qu'un seul vendeur, l'escompteur réclamera ses titres à son vendeur : si ce dernier n'a pas acheté d'un autre spéculateur qu'il puisse à son tour escompter, il livrera les titres. Il n'y aura, dans ce cas, qu'un seul escompté *direct ou par affiche* (art. 112, A, Règl.) S'il transmet son escompte, cet escompte transmis est dit *indirect* (2).

Supposons, en effet, que plusieurs opérations se soient

(1) Bozérian, t. I, n° 84.
(2) Buchère, n° 519.

— 183 —

faites de cette façon, d'après l'exemple cité par Frémery (1) :
A. agent de change a acheté pour le compte de M. J. Cœur
et C¹⁰, 3000 fr. de rente 3 % de M. B., agent de change,
agissant pour M. Lepelletier, à 75 fr., livrables fin courant;
M. B. a aussi acheté pour M. Deneuve, 3000 fr. de rente
3 % à 77 de M. C. agent; M. C. a acheté la même quantité
de rentes à 74, de M. D., agent de change. M. D., a acheté
d'un M. E.

Voici le tableau que l'on pourrait tracer de cette situation
multiple :

DOIT   *Agent de change A.*   AVOIR
3000 achetés de B. 3 % à 75 = 75.000   . . . .

                Agent de change B.
3000 achetés de C. 3 % à 77 = 77.000   vendus à A. à 75 = 75.000

                Agent de Change C.
3000 achetés de D. 3 % à 74 = 74.000   vendus à B. à 77 = 77.000

                Agent de change D.
3000 achetés de E. 3 % à 76 = 76.000   vendus à C. à 74 = 74.000

                Agent de change E.
. . . .   vendus à D. à 76 = 76.000

Supposons que le 3 % monte à 80, voulant profiter de la
hausse, l'agent A. reçoit de son client l'ordre d'escompter B.
et de lui réclamer immédiatement les titres livrables fin
courant. L'agent de change B. est avisé par l'affiche, dont
nous avons parlé, et il reçoit, avant la Bourse, l'un des deux
bulletins visés portant les noms provisoires. Il avertit alors
son client qui lui dit ou de recevoir l'escompte et livrer les
titres, ou de ne pas livrer les titres et de transmettre l'escompte à son vendeur, « de rendre l'escompte » comme
on dit en termes de Bourse, du premier agent au troisième.

(1) Frémery, p. 40 et suiv.

Le troisième, suivant le désir de son client, pourra le rendre au quatrième, et ainsi de suite, jusqu'à ce qu'on arrive à celui qui-n'a acheté de personne (1). Cette transmission successive d'escomptes s'appelle l'*escompte indirect*. Elle a lieu pendant la Bourse jusqu'à l'heure indiquée par les règlements, actuellement jusqu'à deux heures et demie. Chaque agent en prend note sur son carnet, dès qu'il reçoit avis de son confrère. Immédiatement après la Bourse et le jour même de l'affiche, les noms provisoires sont remis à l'agent de change vendeur. A trois heures et demie, les agents de change ou leurs commis s'assemblent dans leur cabinet. Le premier escompté reçoit les « noms provisoires » de l'escompteur et les transmet au second escompté, mais après avoir apposé sur ces noms, au dos du bulletin l'endossement qui exprime la transmission des comptes consignés sur les carnets. Ainsi les noms provisoires de l'agent A. par lui remis à l'agent B. porteront au dos « à l'agent C. par l'agent B. » au dessous « à l'agent D. par l'agent C. » puis « à l'agent E. par l'agent D. ». L'agent D. est donc le dernier porteur du bulletin des noms provisoires, c'est-à-dire, qu'il est tenu de transférer et de livrer les 3,000 francs de rente qu'il a vendus à D. et de les remettre à l'agent A. dont les noms, après plusieurs endossements, lui ont été en définitif remis. Le lendemain, l'agent E. dernier porteur des noms provisoires, autrement dit des bulletins d'escompte, vient retirer les « noms définitifs » des mains du porteur de ces noms pour les annexer au premier bulletin qui seul est revêtu des endossements. Les noms définitifs sont seuls annexés au bordereau de livraison. Ce sont les articles 116 et suivants des anciens règlements des agents de change, qui donnent ainsi que

(1) Buchère, n° 519.

l'article 120, les délais dans lesquels doivent être livrés les titres vendus.

Ces délais sont les mêmes que pour la vente au comptant. Ou bien les effets à livrer sont au porteur, ou transmissibles par voie d'endossement. Alors, il faut pour l'escompté : le 1er jour affiche immédiatement après la Bourse, réception des bulletins provisoires, le 2me jour, avant la bourse, retrait des bulletins définitifs et enfin la livraison dans l'intervalle du 3me 4me et 5me jour.

En cas de non livraison dans le délai, une affiche est apposée pour le rachat des valeurs et le lendemain le rachat est exécuté. Mais il y a aussi des délais pour l'escompteur et qui correspondent avec ceux établis pour l'escompté. Le 1er jour, l'affiche est apposée, les bulletins sont visés et les noms provisoires sont remis. Le 2me jour, avant la Bourse, remise du bulletin définitif. Dès que l'escompté a remis les titres, l'escompteur doit, contre la présentation des titres, payer les sommes dues. En cas de non paiement, la revente des titres peut avoir lieu immédiatement le jour même et sans affiche par les adjoints de service. Pour les titres transmissibles uniquement par *voie de transfert,* les délais de livraison sont plus longs pour l'escompté, il faut remplir les formalités du transfert. L'escompté peut livrer, dès le lendemain de la Bourse, les noms définitifs ou des acceptations. Si l'agent escompteur n'a pas, le troisième jour après l'affiche, remis ses noms ou acceptations, l'agent de change escompté est en droit de déposer la feuille de transfert signée et remplie aux noms de son confrère escompteur à la Chambre syndicale. — Un visa est apposé sur cette feuille et le lendemain, c'est-à-dire à partir du quatrième jour de Bourse après l'affiche, l'escompteur est tenu de prendre livraison et d'acquitter le montant de la négociation sur la remise des titres, accompagnés de la feuille de transfert visée ainsi qu'il vient d'être dit. A défaut de paiement contre la présentation des titres, la revente peut avoir lieu le même jour, et sans affiche, par l'un des adjoints au service.

En résumé, cette opération d'escompte entre les différents agents de change se fait comme la circulation d'une lettre de change ; les noms qu'ils se transmettent sont une sorte de monnaie conventionnelle (1), dont l'acceptation est même obligatoire entre les agents, Le premier agent escompté, au lieu de payer l'escompte en effets, l'a payé avec les noms de son vendeur et celui-ci a endossé ceux de l'escompteur. En passant de mains en mains, le bulletin provisoire s'est revêtu d'endossements successifs, jusqu'à ce qu'il soit arrivé aux mains de celui qui, ne pouvant payer en noms, est obligé de payer en effets.

Différences a payer. — Ces opérations d'escompte seraient assez simples, si les valeurs achetées et vendues par différents spéculateurs, étaient toujours de même quantité, mais il n'en est pas souvent ainsi, Nous avons supposé tantôt que les cinq angents de change qui figuraient dans le compte, avaient tous opéré pour 3000 fr. de rente 3 %, la compensation était alors très facile, la compensation pourrait même se faire en effets, si les quantités étaient les mêmes, mais la compensation en sommes n'est possible que jusqu'à concurrence des différences dues par l'un à l'autre, par suite des différents cours des négociations. Au moment donc de la transmission de l'escompte, les agents devront se tenir compte de ces différences et opérer la compensation pour le surplus, et lorsque le commis de

(1) Buchère, n° 521. — Frémery, p. 40.

l'agent escompté oppose l'endossement de son vendeur sur le bulletin des prix d'escompte, il conserve la note des prix pour être en mesure de faire des bordereaux de différences qui seront présentés le lendemain et payés par le débiteur avant la Bourse. « Les différences résultant de la transmission des escomptes, dit l'article 121 du Règlement général, sont exigibles dès le lendemain de l'affiche avant la Bourse. Les commis des autres vendeurs feront de même et lorsque le bulletin sera parvenu entre les mains du dernier agent, voici la situation qui se présentera : L'agent de change A. ayant acheté à 75.000 de l'agent B. recevra les titres contre paiement de la somme ; mais comme B. a acheté à 77 soit 77.000, il donnera 2.000 fr. de différences à l'agent C. L'agent C. a acheté à 74 de l'agent D. et vendu à 77 à l'agent B., il recevra une différence de 1.000 fr. de l'agent D., de façon que les deux sommes reçues formeront une différence de 3.000 fr. en faveur de C. Le prix des noms d'escompte augmente donc, ou diminue la différence due à l'agent C. par chacun de ses deux confrères, avec qui il a traité pour une même quantité de rente, mais la différence totale ne peut être autre que 3.000 fr. Il a acheté à 74, il a vendu à 77 tant que le prix d'escompte sera supérieur à 74 et inférieur à 77 il devra recevoir de son acheteur et de son vendeur deux différences, dont la réunion formera une différence totale de 3. Si le cours était vendu à 79, il aurait dû alors payer à l'agent B. à qui il aurait vendu à 77 un différence de 2, mais il recevrait de l'agent B. une différence de 5, c'est-à-dire la différence entre 74 et 79. Recevant 5 et payant 2, la différence totale reste la même. De même, si le prix d'escompte était en dessous de 74, si le taux final est à 73, il paierait une différence de 1 à l'agent D. qui a vendu à 74, mais il recevrait de l'agent B. une différence de 4 à qui il a vendu à 77. La différence totale reste toujours la même. Le prix de l'escompte ne peut pas changer la position définitive de l'agent de change à qui l'escompte est rendu et qui le rend à son tour, mais c'est ce prix qui détermine les situations et fait que les agents sont vis-à-vis les uns des autres créanciers ou débiteurs.

Enfin, dans la même journée, avant la Bourse, l'agent D., qui a acheté à 76 de l'agent E., lui remettra la différence la différence entre le prix d'achat et le cours du jour de jour de l'escompte, soit 1,000 francs.

Après toutes ces opérations, les comptes des cinq agents présentent le tableau suivant :

DOIT   *Agent de change A*   AVOIR.
3000 achetés de B. à 75 = 75.000   3000 noms remis à B. = 75.000

Agent de change B.

3000 achetés de C. à 77 = 77.000   3000 vendus à A. à 75 = 75.000
Noms remis par A. à 75 = 75.000   Noms A. remis à C. = 75.000
                                  Différence payée à C. = 2.000
              152.000   152.000

Agent de change C.

3000 achetés de D. à 74 = 74.000   3000 vendus à B. à 77 = 77.000
Noms A. remis par B. = 75.000   Noms A. remis à D. = 75.000
Différence reçue de B. = 2.000
Différence reçue de D. = 1.000
              152.000   152.000

Agent de change D.

3000 achetés de E. à 76 = 76.000   3000 vendus à C. à 74 = 74.000
Noms A. remis par C. à 75 = 75.000   Noms A. remis à E. = 75.000
                                  Différence payée à C. = 1.000
                                  Différence payée à E. = 1.000
              151.000   151.000

Agent de change E.

3000 noms A. remis par D. à 75 = 75.000   3000 vendus à D. à 76 = 76.000
Différence reçue par D. = 1.000
                                    76.000   76.000

La position de l'agent de change C. est ici particulière : il a vendu à 77 et n'a reçu de noms qu'à 75. Il est juste qu'avant que les effets soient transférés, il reçoive la différence entre le prix qui lui sera payé en échange des effets par l'agent de change qui lui a délivré ces noms, et le prix auquel il a vendu à son confrère B., qui lui transmet les noms par endossement. La spéculation distingue, en effet, formellement la dette des capitaux de la dette des différences : il n'est pas naturel de supposer que le spéculateur tienne disponibles les capitaux nécessaires pour payer les rentes qu'il n'a achetées qu'à terme, tandis que l'on croit, au contraire, pouvoir compter que ce spéculateur a toujours à sa disposition ce qu'il faut pour payer les différences ; son agent de change est toujours réputé nanti d'une couverture pour y faire face.

Mais si le spéculateur remet, au contraire, des noms à un prix plus élevé qu'il n'a acheté, il n'est pas nécessaire que le vendeur en recevant ces noms lui tienne compte immédiatement de la différence entre le prix qu'il recevra, en livrant les effets à l'agent désigné par les noms et le prix moindre qui lui sera dû par le confrère à qui il a vendu, et qui lui transmet les noms. L'escompte, en effet, est le fait de l'escompteur et ne saurait lui donner droit d'exiger de son confrère une différence que celui-ci n'a pas encore touchée. Ainsi, dans la rigueur du droit, ce ne serait qu'après la livraison des effets par le dernier porteur des noms et après que le premier agent de change A. en aurait payé le prix, que l'agent C., qui a acheté en-dessous du cours à

74 de l'agent D., serait fondé à exiger de D. la différence de 1,000 francs, différence entre le prix d'achat et le taux de l'escompte.

Le défaut de paiement des différences de la part d'un ou de plusieurs endosseurs de noms peut entraîner l'annulation de l'escompte pour tous les endosseurs indirects. (Art. 123 anc. Règl.),

Enfin, le lendemain de la Bourse, quand les différences sont acquittées, l'agent E., dernier porteur des noms provisoires A., se fait remettre par A. les noms définitifs par duplicata visés la veille, de manière que les deux bulletins, se référant l'un à l'autre, ne fassent pas double emploi, et c'est lorsqu'il a les deux bulletins réunis qu'il doit livrer les titres.

Différents cas d'escompte. — Ces résultats de l'escompte peuvent encore être modifiés par la position respective des agents de change, endosseurs des noms (1). Il peut se faire que l'agent A., escompteur de 3.000 de rente 3 %/₀ à 75, ait lui-même vendu à l'agent B. une égale quantité de 3 %/₀ à 77, tout agent acheteur peut, en effet, aux termes de l'article 109 du Règlement général, escompter directement c'est-à-dire par affiche, la totalité ou une partie de ce qu'il a acheté, lors même qu'il a vendu une pareille quantité, ou une quantité supérieure de rente au confrère, auquel il dénonce sa volonté d'escompter. L'agent B. pourra en rendre l'escompte à son confrère escompteur. De cet escompte réciproque résultera une compensation immédiate des quantités escomptées; tout transfert, toute remise de noms devient alors inutile et le solde de compte s'opère par le paiement des différences. Mais il a aussi la faculté

---

(1) V. Frémery, p. 51 et suiv., et Bozérian, nº 84, t. 1, p. 101.

de transmettre l'escompte à un autre vendeur, à l'agent C.

D'un autre côté, si plusieurs marchés sont intervenus entre les deux premiers agents A. et B., si, en admettant toujours que le taux de l'escompte soit à 75, si l'agent escompteur a lui-même acheté 3.000 3 % à 73 et 3.000 3 % à 75, l'escompté transmettra l'escompte à son escompteur à 75, pour éviter le paiement de différences. Il est d'usage aussi, lorsque plusieurs marchés sont ainsi intervenus et qu'il y en ait en dessous du prix d'escompte et au dessus, de transmettre l'escompte pour le prix inférieur. Rien n'est plus juste, en effet, car le vendeur étant par les conventions du marché à la merci de l'acheteur, s'il y a une différence à payer, il faut qu'elle soit payée par l'escompté ; mais comme c'est aussi une faveur pour l'acheteur, il est juste de renfermer l'exerce de ce droit dans les limites les plus étroites. Ainsi, l'agent B. a vendu, par exemple, à 77 ou 73 et à 74 il est escompté. Il ne peut rendre l'escompte à 77, il toucherait une différence de 2, mais il peut rendre l'escompte à 74 où la différence, en sa défaveur, ne sera que de 1.

Nous avons vu comment devait être payée cette différence. Il semblerait qu'on ne pût réclamer comme différence, lorsqu'il y a plusieurs marchés, que le solde définitif au moment de la liquidation et dans l'exemple cité plus haut de marchés successifs, comme l'agent devra recevoir d'un côté et payer de l'autre, on serait tenté de croire que la différence à payer, au moment de l'escompte, ne pourrait être supérieure au compte définitif. Or, nous avons vu que la coutume des agents de change est de faire payer à l'escompté une différence, qui se calcule sur le chiffre qui se rapproche le plus du taux de l'escompte. Mais il est d'usage aussi, que si le vendeur escompté doit payer, lorsqu'il rend l'escompte, la différence entre les cours des deux marchés et, non pas la différence définitive, s'il ne peut réclamer le solde de son compte, il peut tout au moins le retenir et l'imputer sur la différence, dont un escompte indirect le rendrait débiteur. Si un vendeur escompté rend escompte à un autre vendeur et ne lui transmet des noms qu'à 75, alors qu'il a acheté à 77, les différences qu'il ne peut pas réclamer suivant l'usage pourront néanmoins être déduites des 2.000 francs de différences, qu'il doit suivant l'escompte (1). Supposons de même que l'agent de change B. a vendu 3.000 fr. de rente 3 % à l'agent de change A., au prix de 72 fr., et quelques jours après 12.000 fr. de rente au prix de 78. Un mouvement de baisse se déclare et pendant que le cours est à 75, l'agent de change A., escompté par un de ses confrères, rend l'escompte à l'agent B. pour 3.000 fr. de rente 3 % et lui endosse des noms à 74, le compte alors se présente ainsi :

Agent de change B.

Vendu à agent A. 3000 3 % à 72 = 72.000
»   »   12000 3 % à 78 = 212.000
Noms remis   74.000

Dans ces circonstances, le marché 3.000 de rente 3 % est compensé par l'escompte et il résulte, de la comparaison du prix d'achat avec le prix des noms, que l'agent B. vendeur à 72 escompté à 74, doit une différence de 2.000. Mais la rente étant en baisse et au cours de 74, si le second marché de 12.000 à 78 était escompté, il y aurait une différence de 4 fr. par titre qui serait due à l'agent B. par l'agent A. Ainsi, au jour de l'escompte, l'agent B. doit bien une différence de

(1) Frémery, p. 58.

2.000, mais il est créancier éventuel d'une somme de 16.000 qui peut encore s'accroître, puisque la rente subit un mouvement de baisse. Cette considération détermine quelquefois la Chambre syndicale à autoriser l'agent de change B. à retenir, par une sorte de mesure conservatoire, la différence totale qu'il devait payer à l'agent de change escompteur.

Cette opération d'escompte est encore assez simple, lorsque les différents agents de change se sont acheté et vendu des quantités égales de valeurs, mais il peut arriver que ces quantités ne soient pas les mêmes. Si l'escompté par affiches a acheté de l'escompteur des quantités inférieures à celles dont on l'escompte, il peut rendre l'escompte à l'escompteur, jusqu'à due concurrence et transmettre le surplus à un confrère vendeur. Mais les fractions transmises ne peuvent être inférieures aux fractions minimes autorisées pour les marchés à terme. Ainsi l'agent escompté de 3.000 fr. de rente 3 % ne peut transmettre un escompte moindre de 1.500 francs.

Aucun agent de change ne peut escompter indirectement à son confrère une somme d'effets excédant le solde dont il reste acheteur. Si l'escompte qu'il reçoit est supérieur à ce solde, il doit livrer les effets. Si l'agent de change C. a reçu les noms de l'agent A. circulant pour 3,000 fr. de rente 3 % qu'il les transmet à l'agent D.; si celui-ci n'est acheteur de l'agent E. que de 1.500 fr. de rente, il ne pourra lui transmettre les noms A. En effet, si cette transmission se faisait, l'agent E., qui n'est débiteur que de 1.500, s'obligerait à transférer 3.000. Il est absolument impossible d'éviter cette situation, en autorisant l'agent escompté à rendre à l'escompteur une fraction de l'escompte égale à la somme dont il est acheteur. Car, une fois que les noms de l'escompteur par affiche sont mis en circulation, ils deviennent une sorte de lettre de change, dont la valeur est fixée au moment de l'émission et qui doit demeurer invariable, elle est acceptée ou refusée pour le tout et ne peut l'être pour partie.

Il reste une dernière règle à signaler : « pour les escomptes d'effets sur lesquels les coupons ont été détachés depuis la négociation, le montant de ces coupons doit être déduit du chiffre par lequel se règle l'opération ». Cette règle est formulée dans l'article 124 du Règlement.

Ce mécanisme de l'escompte, très compliqué en apparence, devient excessivement simple dans la pratique et s'opère fréquemment dans les marchés à terme. Elle supprime le danger qui résulterait pour les agents de la faculté accordée aux acheteurs d'exiger la livraison des titres avant l'époque de la liquidation. Tous les jours, en effet, les agents de change vendent des quantités considérables de valeurs à découvert, pour des personnes qui n'ont aucun titre en portefeuille. Leur responsabilité serait gravement engagée, s'ils ne faisaient pas, dans la plupart des cas, sur ces mêmes titres des opérations inverses, si, soit à la même Bourse, soit à une Bourse subséquente, ils ne faisaient des achats, qui, en cas de demandes de livraison anticipée, leur permettront de rendre l'escompte à un confrère. Les liquidations sont ainsi facilitées et peuvent le plus souvent se régler par le paiement de simples différences.

CHAPITRE IV

Arbitrage et Commune

L'arbitrage, que nous avons rencontré dans les marchés au comptant, peut aussi se présenter dans les marchés à terme. C'est une opération qui consiste à échanger des titres contre d'autres titres, au lieu de céder ses titres contre des espèces (1). Cette opération présente un intérêt, lorsque des valeurs de même nature ne sont pas à un même taux. Supposons que la rente 3 % soit à 95 fr. et le 4 1/2 % à 100 fr. Comparativement au cours du 4 1/2 le 3 % est très élevé. Un spéculateur qui veut profiter des avantages que présente le 4 1/2 peut échanger ses titres de 3 % contre des titres de rente de 4 1/2 : il fera un arbitrage. Le résultat de son opération est de lui donner un intérêt aussi fort pour un plus faible capital employé et de lui permettre d'utiliser le surplus de son capital, pour d'autres opérations ; ou bien, s'il emploie la totalité de son capital, le résultat de cet arbitrage sera d'augmenter son revenu.

(1) Lyon-Caen et Renault, n° 1513. — Buchère. n° 604 et suiv. — Bozérian, t. 1, n° 86.

La commune (1) est, dans les marchés à terme, de même que dans les marchés au comptant, une opération qui consiste à atténuer ou même à faire disparaître les mauvais résultats d'une opération malheureuse, par de nouveaux achats ou ventes formant compensation. Un exemple pourra faire comprendre toute l'utilité que l'on peut retirer de cette modalité. Si je suis acheteur de 3.000 fr. de rente 3 % à 90 et que la rente vienne à tomber à 88, je suis en perte d'une différence de 2. Si je rachète, à ce taux de 88, une égale quantité des mêmes valeurs : le taux moyen de mes acquisitions est 89. Si donc la rente remonte à 89, je n'aurai subi ancune perte, ma première opération malheureuse est compensée par la seconde ; si la rente remonte à 89.50, je réalise un gain de 0.50 par titre, alors que j'aurais dû, par ma première opération, payer une différence ; enfin, si la rente n'atteint pas 89, je resterai en déficit, mais ce déficit sera atténué.

(1) Bozérian, t. 1, n° 86 et suiv.

CHAPITRE V

Reports

Définition — Utilité — Historique — Validité.
Nature juridique du report et ses conséquences.
Formalités.

Il nous faut parler avec quelque développement des reports qui sont devenus si fréquents en Bourse et qui constituent une des modalités les plus ordinaires des marchés à terme. Les lois spéciales n'en ont jamais parlé d'une façon particulière et les reports ne sont connus que par la coutume et la jurisprudence établies par la pratique des affaires. Il s'agit même avant tout, de distinguer le sens dans lequel on veut entendre ce mot « report », qui a reçu plusieurs significations.

On appelle d'abord « report » ou parfois « Marché-Report », l'opération qui consiste à faire simultanément deux marchés, un achat et une vente à termes différents. C'est une opération de Bourse unique et la simultanéité de ces deux actes est le caractère essentiel de l'opération.

On désigne encore sous le nom « report » une situation

de Bourse. En général, une même valeur a un cours plus élevé à terme qu'au comptant. L'acheteur à terme garde, en effet, la jouissance du capital et a droit aux intérêts, arrérages, dividendes à échoir avant même l'arrivée du terme : Quand cette différence normale se produit, on dit qu'il y a « report ». Lorsqu'au contraire les prix sont plus élevés au comptant qu'à terme, on dit qu'il y a « déport » (1).

De ces deux reports, le plus intéressant est celui qui constitue une modalité des marchés à terme : c'est le « Marché-report », Il a été appelé la clef du système des opérations de Bourse » (2), il est devenu de plus en plus usité en Bourse et est devenu plus fréquent à mesure que les gros marchés financiers augmentaient en nombre ; et il se présente surtout au moment des escomptes et des liquidations.

Les définitions que nous venons d'avancer seront rendues beauconp plus explicites, si elles sont accompagnées d'un exemple. Le 5 août, j'achète à terme fin août 3.000 fr. de rente 3 % au cours de 95, soit 95.000 fr. La liquidation arrive, je désire rester acheteur pour certains motifs de spéculation : or, le terme de mes marchés est arrivé, il me faut suivant les conventions prendre livraison des titres. Pour échapper à cette nécessité et pour prolonger ma situation d'acheteur, je me fais reporter à la liquidation suivante. Afin d'arriver à ce résultat, je m'adresse à un capitaliste, je vends au comptant les titres dont je suis devenu propriétaire par mon marché du 5 août et, par la même opération, je les rachète à terme fin courant. Il y a presque toujours une différence entre le prix du courant et

---

(1) Lyon-Caen et Renault, n° 1514 et t. IV n° 964.
(2) Frémery « Etudes de Lr. Comm. », p. 479.— V. Mollot, « Des Reports.»
— De Prat, thèse de Doctorat.

le prix à terme. Cette différence, lorsqu'elle se trouve en faveur du cours à terme, s'appelle « report », dans le sens inverse, c'est le « déport ». Si au comptant le cours au jour de la liquidation est à 96, et si le cours à terme fin courant est à 96.10, j'aurai à payer un report, une sorte de prime de 0.10 par titre ; au contraire, si le cours au comptant est à 96, et à terme à 95.90, j'aurai à recevoir le déport de 0.10 c. par titre. De plus, j'aurai prolongé ma situation et je resterai acheteur jusqu'à mon nouveau terme. L'opération serait la même pour un vendeur qui voudrait prolonger sa situation.

Cet exemple ne nous montre que le côté mécanique du report ; mais il fait aussi apparaître ceux qui jouent un rôle dans cette modalité du marché à terme : il y a d'abord le spéculateur qui veut éviter de réaliser ses obligations, lors de l'arrivée de la liquidation, puis le capitaliste qui joue le rôle de « reporteur ». Le marché-report consiste, pour le spéculateur qui veut se faire reporter, à trouver une tierce personne qui se substituera à lui, lorsqu'il est acheteur et qu'il ne veut prendre livraison, ou lorsqu'il est vendeur et qu'il ne peut fournir les fonds, afin de prendre sa place et d'exécuter les conventions.

PRIX DU REPORT. — Ce tiers est poussé à faire cette opération par le bénéfice qu'il peut y trouver : ce bénéfice est justement la différence entre le cours à terme et le cours au comptant « le report. » Ce report n'est pas fixé à l'avance (1) et ne dépend aucunement de la convention des parties. Il varie suivant des causes étrangères à la volonté des spéculateurs, lorsque l'argent est plus ou moins rare sur les marchés, le report est plus ou moins élevé. Parfois même,

(1) Buchère, n° 530 et suiv.

ce bénéfice s'annihile, les cours au comptant sont les mêmes que les cours à terme : « le report est alors au pair. »
« Le prix des reports est déterminé à chaque liquidation
» par ces différences de cours, calculés au cours de com-
» pensation fixé par le syndic et ses adjoints de service,
» d'après les cours côtés le jour de la liquidation des diffé-
» rentes valeurs. Ce cours est affiché à la Bourse. » (Article 67 du décret du 7 octobre 1890. »

Utilité. — Le report présente donc une double utilité (1) :
1° au capitaliste à qui il procure le moyen de faire un bénéfice presque assuré, en courant très peu de risques ;
2° au spéculateur dont il prolonge la situation, tout en lui permettant de faire sur les mêmes capitaux de nouvelles opérations.

Le capitaliste peut y trouver un très grand intérêt. Un banquier possède de grands capitaux, dont il n'aura besoin que dans un mois ou deux. Il ne peut, pour un aussi court laps de temps, les engager dans une affaire industrielle ou commerciale et, d'autre part, il doit hésiter à laisser inactives des sommes aussi considérables, pour lesquelles il paie lui-même un intérêt à ses prêteurs. Dans le but de faire fructifier ses capitaux, il les engagera dans des opérations de report, c'est-à-dire, il achètera, par exemple, de la rente 3 % à 101,05 au comptant et la revendra de suite à terme à 101,15. Ses fonds seront disponibles dans un mois, c'est-à-dire à l'époque où il en aura besoin et ils lui auront rapporté, sans risques, 0,10 c. par titre de rente, sauf la faible déduction de courtage. Mais aussi, si ce gain de 0,10 c. est éventuel et dépend uniquement du prix du report des différences de cours, l'opération ne présente, pour le prêteur

---

(1) V. Lyon-Caen et Renault, 1515 et t. IV, 966. — Buchère, 531 et suiv.

de fonds, que très peu de danger. Les titres, qu'il a payés comptant et qu'il a revendus à terme, restent entre ses mains, il en est réel propriétaire jusqu'à l'échéance de ce terme. A cette époque, il n'est tenu de s'en dessaisir qu'en échange du prix de la négociation. Il ne pourrait donc éprouver de perte que dans le cas où le jour fixé pour la liquidation de la revente à terme, le reporté n'était pas en mesure d'en solder le prix ou de reporter à nouveau son marché, et si à cette époque, les valeurs ont subi une dépréciation sérieuse, le reporteur capitaliste n'a plus en mains que des valeurs de peu d'importance et n'a qu'un recours personnel contre le spéculateur. La réunion de ces circonstances ne se rencontre guère qu'au moment des grandes crises politiques et financières.

L'opération du marché-report peut aussi se faire en sens inverse. Le capitaliste, que nous avons vu jouer le rôle d'acheteur au comptant et de vendeur à terme, peut, dans certains cas, devenir vendeur au comptant et acheteur à terme. Il peut se faire qu'un capitaliste, ayant en sa possession un certain nombre d'actions Nord, veuille s'en servir pour reporter. Un spéculateur à la baisse a vendu à terme ces mêmes titres, sans les avoir en sa possession ; le terme arrivé, il veut prolonger sa situation. Le capitaliste se substitue au vendeur, vend comptant à l'acheteur et rachète à terme au vendeur, dont il a pris la place, de manière à rentrer en possession de ses titres à la liquidation suivante. Cette opération, qui est le contraire de celle que nous avons citée plus haut, prend parfois en terme de Bourse la dénomination de « déport », et le même nom est donné à la prime acquise au reporteur, par suite de son intervention ; cette prime consiste dans la différence entre les cours de la négociation à terme et de la négociation au comptant. Le reporteur conserve jusqu'à l'échéance de son marché à terme la somme qu'il a touchée du premier acheteur, ce qui le garantit de toute perte ; il n'est tenu de s'en dessaisir qu'au moment où il rentre en possession des titres par l'exécution de l'achat à terme qu'il a fait avec le vendeur-reporté. Cette opération est beaucoup moins usitée en Bourse que la précédente.

La sureté qui entoure ces opérations et le bénéfice presque assuré qui en résulte, ont poussé certains capitalistes et banquiers à former des associations pour réunir en commun les capitaux ou les titres et faire en grand ces opérations de report. Dans le report, en effet, le capitaliste reporteur garde les titres jusqu'à ce qu'il ait recouvré ses capitaux ; dans l'autre opération, appelée parfois déport, il garde les sommes versées jusqu'à ce qu'il soit de nouveau en possession des titres. Certaines Banques, en se basant sur ce principe de sécurité, ont fondé à Paris des *Caisses de déports* (1). Les banquiers s'adressent au public pour obtenir le dépôt de titres, avec la faculté d'en faire le déport, ils paient aux prêteurs les primes, mais en déduisant un certain courtage. Les porteurs de titres, en les employant à ces opérations, arrivent à leur faire produire un intérêt supplémentaire ; bien plus, ils arrivent même à faire fructifier des titres qui n'ont presque plus de valeur, mais qui sont encore sujets à des spéculations. C'est ainsi que pour les Panama, tandis que la Compagnie ne paie plus depuis longtemps ni intérêt ni dividende, la Caisse des déports, profitant de ce que la spéculation a lieu encore sur ces titres, leur fait produire un revenu qui profite aux prêteurs.

Le bénéfice est aussi assuré dans l'opération ordinaire

(1) Buchère, n° 534.

— 203 —

du report. Le capitaliste, se subtituant à un spéculateur qui veut reculer le terme de son marché, achète ferme les titres au comptant et les revend à terme au reporté. Il garde les titres, en devient momentanément propriétaire et touche la prime. Lorsque le report est employé comme mode de placement momentané, il constitue une opération très sérieuse et très lucrative pour le capitaliste. Nous avons vu que le seul danger qu'il pouvait courir était de rester en possession de ces titres, vis-à-vis d'un débiteur insolvable et de voir une dépréciation frapper ces valeurs: ces circonstances ainsi réunies ne se présentent qu'assez rarement. Pour faire participer les petits capitalistes aux bénéfices de ces opérations, certains banquiers ont également fondé à Paris des *Caisses de reports*, dans le but d'accumuler les petits capitaux et de les employer en bloc à ces sortes d'opérations. Malheureusement la grande partie des bénéfices est alors absorbée par des commissions multipliées et les prêteurs involontairement sont entrainés dans des opérations de Bourses, parfois bien profitables, mais souvent aussi assez scabreuses.

On peut encore citer un exemple plus compliqué de l'utilité que peut présenter le report dans certaines négociations. Un capitaliste ayant besoin immédiatement d'une somme d'argent assez considérable veut vendre comptant 250 actions Nord. D'un autre côté, un spéculateur à la baisse a vendu à terme une égale quantité des mêmes valeurs sans les avoir, puis il juge à propos de terminer son opération par un rachat à terme. Il n'a pas de capitaux disponibles et d'autre part, il ne veut qu'acheter à terme les titres pour les avoir le jour de la liquidation de son premier marché. Entre ces deux personnes, l'opération est donc impossible; l'un désire un marché au comptant et veut immédiatement les capitaux, l'autre ne peut faire qu'une négociation « fin courant ». Grâce à une opération de report, ces deux spéculateurs pourront réaliser leurs négociations. Il suffit qu'une troisième personne intervienne pour « reporter » et acheter au comptant au capitaliste, lui fournir les capitaux et revendre immédiatement à terme. Le reporteur touchera la prime, c'est-à-dire le report et il aura, en outre, à titre de garantie les titres achetés au comptant qu'il ne livrera à terme que contre remboursement. De plus, ce reporteur peut immédiatement recouvrer ses fonds en revendant au comptant les titres achetés et en les rachetant à terme, pour les livrer au moment de la liquidation. Il y aura pour lui un solde de différences à toucher ou à recevoir ; il aura défait sa première opération de report, mais cette possibilité qu'il a de retrouver immédiatement ses capitaux augmente encore les avantages de son opération.

Si le report est utile aux capitalistes et leur offre un moyen ou de se procurer momentanément des fonds avec la certitude de recouvrer leurs valeurs ou de faire fructifier leurs capitaux, dont ils ne peuvent disposer que pour un court délai ; ces reports offrent aussi une grande utilité aux spéculateurs et leur permettent de modifier leur situation ou d'atténuer les mauvais résultats d'une opération malheureuse. Lorsqu'arrive le jour de la liquidation, il peut se faire qu'un spéculateur, trompé dans ses calculs, veuille pour rétablir ses marchés prolonger le terme de ses négociations. Il veut reculer le jour de l'échéance, espérant que les évènements viendront rétablir les cours dans un sens favorable à ses engagements. Il s'adresse alors à un capitaliste ou à une caisse de reports ou plus souvent à son agent de change. Les agents ont, en effet, entre leurs mains, des sommes déposées par leurs clients, pour être utilisées en report et, en pratique, ce sont eux qui reportent eux-mêmes les spéculateurs. Ils servent d'intermédiaires entre le reporteur et le reporté, et ils procurent à celui qui ne veut pas réaliser ses opérations, au jour de la liquidation, un acheteur ou un vendeur qui se substituera au spéculateur pour exécuter le marché au terme convenu.

Les causes qui pousseront le spéculateur à se faire reporter seront parfois multiples, mais toujours basées sur des calculs de spéculation. Un acheteur à terme voit arriver la liquidation, et tandis qu'il comptait sur la hausse des valeurs qu'il avait acquises, il voit, au contraire, la baisse s'accentuer sur le marché. S'il croit malgré tout à un revirement, à une hausse prochaine, il voudra attendre ce changement et remettre sa prise de livraison à une liquidation ultérieure. Il peut aussi avoir des difficultés à trouver immédiatement les fonds nécessaires. Il se fait reporter pour échapper à cette situation fâcheuse et s'adresse à un capitaliste, d'habitude à son agent de change, à qui il vend comptant les titres dont il doit prendre possession et rachète immédiatement à terme. A la liquidation suivante, jour du terme, si la hausse s'est produite, il a pu regagner le déficit éprouvé, si la baisse a continué à se faire sentir, il lui sera possible de se faire reporter à une liquidation suivante.

De même, si ce spéculateur, au lieu d'être acheteur est vendeur, et si, à la liquidation, ces titres ne sont pas encore en sa possession, il ne voudra pas se les procurer directement en Bourse si les cours sont en hausse. Il joue à la baisse et il ne veut pas encore augmenter la hausse par ses demandes d'achat. Ce spéculateur peut, s'il croit à une hausse prochaine, faire un déport. Il s'adressera à un porteur de titres, lui achètera au comptant des valeurs pour les lui revendre immédiatement à terme, mais à un prix moins élevé. Le spéculateur aura payé ainsi une prime à son reporteur ; mais si la baisse arrive, ayant vendu à un prix plus élevé, il touchera une différence et réalisera un bénéfice. C'est grâce à ces opérations multipliées, que certains spéculateurs arrivent sans être en possession de fonds ni de titres à faire des opérations considérables, en reculant de plus en plus leurs liquidations.

Mais lorsque l'agent de change perd toute confiance, lorsque le trop grand nombre de reports lui fait craindre pour sa sécurité, s'il refuse de reporter son client, alors toutes ces opérations s'écroulent et le spéculateur est forcé de réaliser des différences énormes qui résultent de ses nombreuses combinaisons. Nous avons cité l'exemple de la banque de l'Union générale et de l'arrêt subit des reports, qui a provoqué ou tout au moins accentué la ruine d'un grand nombre de spéculateurs sur ces valeurs (1).

Ce refus de reporter le client peut être donné par l'agent de change par simple lettre adressée avant la liquidation ; mais il est plus prudent, afin d'éviter toute difficulté, d'adresser cet avis par lettre recommandée.

Après avoir vu, dans plusieurs exemples, l'emploi et l'utilité de ces reports, nous pouvons donner une définition plus explicite que celle que nous formulions au début de ce chapitre, Buchère, dans son livre des opérations de Bourse cite quelques considérants d'un jugement du Tribunal de commerce de la Seine du 9 mai 1890 (Droit judiciaire 1890 p. 260), qui contient la définition précise de cette double opération.

« Attendu, dit ce jugement, que le report est l'opération qui consiste pour le propriétaire de capitaux à acheter

(1) V. plus haut, p. 82.

ferme des titres au comptant et à les revendre à terme au reporté, en restant détenteur des dits titres jusqu'à leur levée et leur paiement par le reporté, que le bénéfice de l'opération pour le reporteur est exactement fixée par la différence entre le prix du comptant et le prix du terme, le second devant nécesairement être plus élevé que le premier.

« Attendu que le déport est l'opération qui consiste pour le propriétaire de titres, soit à prêter ses titres pendant l'intervalle d'une ou plusieurs liquidations et ce sous forme d'une vente et d'un rachat, soit à vendre réellement ses titres au comptant et à les racheter à terme, en restant détenteur des capitaux prix de la vente qu'il a faite, jusqu'à ce qu'il soit rentré au terme convenu en possession des titres raéhetés ; que le bénéfice de l'opération pour le propriétaire de titres est exactement fixé par la différence entre le prix au comptant et le prix du terme, le second devant être nécessairement moins élevé que le premier. D'où il suit que, dans le report, le prêteur d'argent reste nanti des titres et, dans le déport, le prêteur de titres reste nanti des capitaux aussi longtemps que l'opération n'est pas liquidée ; que le report ne peut avoir lieu que s'il y a sur le marché plus de titres offerts que de titres demandés, et qu'il y a déport, au contraire, s'il y a sur le marché plus de demandes que de titres. »

Ces définitions ont été complétées dans le rapport de M. le conseiller Crépon sous Cass. 1er mars 1897 (S. 97. 2. 220).

Le report est donc utile au point de vue financier comme au point de vue économique ; il peut sauver un spéculateur d'une fausse situation ; il peut être entre les mains d'un donneur d'ordre une arme, dont il se servira plus ou moins habilement pour augmenter ses chances de succès ; mais au point de vue économique surtout, cette modalité du marché à terme fait entrer dans la circulation ces capitaux dont les capitalistes ne peuvent disposer que dans un laps de temps assez court. Ces capitaux, s'ils n'étaient employés en report, resteraient le plus souvent stériles, à moins qu'ils ne soient placés dans des spéculations plus ou moins périlleuses. Le report offre un placement de très courte durée, offrant toute sécurité et permettant de réaliser des bénéfices assez considérables.

On a voulu donner à cette opération du « report » une origine très ancienne et la faire remonter à l'antique contrat qui avait emprunté aux Arabes la dénomination de « Mohatra » (1). Un commerçant, ayant besoin urgent de capitaux et voulant éviter une vente ou un échange ou tout autre contrat, qui, à un moment donné, aurait pu tourner à son désavantage, avait recours au Mohatra. Il y avait, d'abord dans ce contrat, un achat à crédit de marchandises, puis immédiatement cette même marchandise était revendue à un prix plus faible que celui de l'acquisition, contre paiement immédiat à celui-là même qui l'avait d'abord vendue. C'était le véritable contrat *Mohatra*. Si une fois l'achat fait, l'acheteur, au lieu de revendre à son propre vendeur, transmettait la marchandise à d'autres individus, le contrat prenait alors le nom de « *Baratra* ». Enfin, il y avait une troisième forme de contrat lorsqu'intervenait un courtier qui servait d'intermédiaire. Pascal, dans ses *Provinciales*, se moque de ce contrat, dont il veut laisser toute la paternité à Escobar, il le définit : « Le contrat par lequel
» on achète des étoffes chèrement et à crédit pour les re-
» vendre au même instant à la même personne, au comptant

---

(1) Voir Lyon-Caen et Renault, n° 1528 en note, et t. IV, n° 988 en note.

» et à **bon marché**. Par où l'on voit que l'on reçoit une cer-
» taine somme au comptant en demeurant **obligé** pour
davantage » (Huitième lettre des *Provinciales*).

Ce contrat qui souvent ne cachait qu'une opération d'usure avait été critiqué par les moralistes et les théologiens. Les uns disaient qu'il était toujours condamnable, parce que son seul résultat était de procurer un bénéfice illicite. Les autres, voyant, au contraire, que dans certaines circonstances, ce contrat était absolument indispensable, étant donnés les nécessités de la pratique et les besoins d'argent, permettaient ce contrat, mais sous une double condition :

1º Que le prix d'achat ou de vente restât dans les limites raisonnables, sans excéder de beaucoup ni le **prix le plus élevé**, ni le **prix le plus bas**; 2º Que le contrat fût fait de bonne foi et sans fraude, de telle sorte que chacun des contractants dans sa situation respective pût trouver intérêt à son exécution. Généralement, on admettait la validité de ce contrat conclu dans ces limites, bien que certaines législations, comme la législation Castillane le bannissait complètement (1).

D'après certains auteurs (Lyon-Caen, t. II, nº 1528 en note), le report n'a rien de commun avec le Mohatra. Tout dans ce contrat était simulé, il n'y avait aucune tradition de marchandises : le vendeur demeurant propriétaire, les risques restaient à sa charge, la vente n'avait pour but que de cacher un prêt à intérêt. Le report n'est pas l'ancien mohatra, car ce pacte au nom barbare avait été imaginé pour éluder la loi, alors qu'elle défendait sans restriction le prêt à intérêt et il a cessé d'exister au moment où disparaissait cette prohibition. Il est donc impossible d'établir

(1) V. Thèse de doctorat, des « Reports », 1886. — Eug. de Prat, p. 12.

de cette façon l'historique du report, il faut en rechercher la naissance dans la patrique de la spéculation.

VALIDITÉ. — Le report a été surtout critiqué de nos jours. Il a, comme les marchés à terme en général, dont il n'est qu'une modalité, été regardé comme ne constituant qu'une opération de jeu. Avant la loi de 1885, la plupart des auteurs, qui admettaient la validité du marché à terme, lorsqu'il était sérieux et devait, d'après l'esprit des parties, se régler par une liquidation réelle, une livraison de titres et un paiement total des sommes, faisaient profiter les reports de cette théorie. Mais ces mêmes marchés à terme devaient tomber sous le coup de la loi, quand ils ne se réglaient et ne devaient se régler que par des différences, et la grande majorité des auteurs faisaient profiter les reports de cette distinction. Or, en réalité cette distinction était des plus difficile, surtout lorsqu'il s'agissait des reports qui n'ont souvent aucun caractère réel.

« Il en est des reports, dit Bozérian, comme des marchés
» à terme. Les achats et les ventes n'ont souvent rien de
» réel. Au moment de la liquidation, il n'y a ni livraison, ni
» paiement : tout se résout en différences qui se règlent à
» la fin de chaque quinzaine de chaque mois. Les reports
» servent ainsi de voile à de nouveaux jeux de Bourse »
(t. I, n° 93). Nous verrons qu'en pratique même, d'après l'usage des agents de change, les reports, qui dans l'esprit du reporteur doivent être sérieux, ne sont en réalité qu'une opération fictive (1).

Malgré tout, la validité des reports ne doit être contestée (2) : que s'il est établi que ces reports ne renferment

(1) Bozérian, t. I, n° 93.
(2) Troplong « Cont. aléatoires », art. 1965, n° 150.

qu'une véritable opération de jeu, un pari sur la hausse ou la baisse. La jurisprudence, avant la loi de 1885, était constante à ce sujet : si, par certains arrêts (Toulouse, 6 déc. 1859. Cass. 9 mai 1857, S. 57. 2. 545. — Cass. 27 janvier 1852, S. 54. 1. 140. — Paris, 11 janvier 1870. D. 71. 2. 195. Paris, 21 décembre 1861. J G. Trésor. Public, n° 1409), elle avait reconnu le report comme une modalité du jeu de Bourse, « un instrument permettant au spéculateur qui paiera des différences, d'obtenir des délais pour la réalisation des marchés », en général, elle admettait la validité de cette opération. Les auteurs avaient aussi admis une présomption en faveur de ces modalités. « Le report, disait
» Troplong (1), n'est pas pas un jeu, c'est une sorte de pla-
» cement à intérêt. Rien n'y est aventureux ou illicite.
» L'achat est sérieux : il transfère la propriété ; la revente
» ne l'est pas moins : d'une part, la certitude de la pro-
» priété sur la tête du revendeur est si évidente, qu'on n'a
» jamais pensé à appliquer ici la formalité du dépôt pres-
» crit par les arrêts du Conseil de 1785 et 1786 ; d'autre
» part, cette revente fait passer tous les risques de baisse
» du côté de l'acheteur : *Res perit domino*. Tout se réduit
» à un prêt à intérêt que l'on opère sous forme d'achat
» et de revente » (Daus le même sens, De Villeneuve et Massé, Diction. du contentieux. Report).

Pont ajoute, dans son ouvrage des *Petits Contrats* (n° 626) (2) : » De même en ce qui concerne le report, l'opération est sérieuse et légitime, ou fictive et illicite, suivant les vues, l'intention et la situation de celui qui livre. En effet, l'opération est réelle et vraie si elle porte sur des valeurs ayant une existence certaine. Mais, si, au lieu d'un

(1) Buchère, n° 535. — Lyon-Caen et Renault, t. IV, n° 988 et 1527.
(2) Pont, « Petits Contrats », n° 626 et suiv.

capitaliste ayant des fonds, on suppose un spéculateur qui ne dispose de rien ou de presque rien, eu égard aux sommes dont il aurait besoin pour ses marchés fermes, qui n'emploie le report que comme moyen de soutenir des spéculations hasardeuses, entreprises sur des valeurs ou des effets dont il n'a jamais eu la pensée de prendre livraison, qui, depuis le commencement jusqu'à la fin de l'opération et à chacune des liquidations successives auxquelles l'opération a donné lieu, n'a fait que percevoir ou payer des différences suivant le mouvement des cours... nous ne pouvons voir alors dans les reports qu'une suite d'opérations qui, dans le fait comme dans l'intention de notre spéculateur, n'ont jamais eu pour base que le hasard et la fiction. » Mollot (1), au contraire, (n° 477) ne faisait aucune distinction et rappelant l'arrêt de la Cour de Paris du 25 mars 1825, csnsidérait « en fait que les opérations de report présentent tous les caractères d'une opération sérieuse et détruisent tout indice de jeu de Bourse. »

Cette distinction avait pourtant été formellement établie dans un arrêt de la Cour de cassation, statuant sur un pourvoi d'un arrêt de la Cour de Toulouse (Cass. 9 mai 1857. S. 57. 2. 113 et 1. 545). M. le conseiller Bresson, rapporteur, s'exprimait devant la Cour, dans ces termes en délimitant parfaitement les différentes espèces de reports : « Ne peut-
» on pas dire qu'il y a deux opérations de report bien
» connues, l'une simple et pratique parfaitement légitime.
» Elle s'offre au capitaliste qui veut faire, pour un temps
» ordinairement court, l'emploi utile d'un capital disponible
» entre ses mains. Il achète pour le montant de ce capital
» de la rente ou des valeurs industrielles. Contre les titres
» qu'il reçoit il verse de l'argent. Puis ces mêmes titres dont

(1) Mollot, « Bourses de comm. », n° 477.

» il est nanti, il les revend livrables à la quinzaine suivante
» ou fin du mois. Il se paie par un prélèvement modéré de
» l'intérêt jusqu'au terme et par l'amélioration du titre qui
» se bonifie en s'avançant vers l'échéance du semestre et du
» dividende. Si la revente s'accomplit, si le nouvel acheteur
» d'abord vendeur ou un autre à sa place verse le prix et
» lève les titres, le capitaliste rentre en possession du
» capital prêté. Cette opération qui a pu se faire à la pre-
» mière quinzaine ou à la première fin du mois, peut être
» reportée à la quinzaine ou fin du mois suivante et ainsi
» de suite, elle n'en reste pas moins vraie et réelle. Elle
» porte sur des valeurs existantes, certaines et connues. Ce
» report réalise ainsi un véritable *prêt sur nantissement*.

» Mais n'y a-t-il pas une seconde opération appelée aussi
» report, qu'on pratique aussi tous les jours. Ici, ce n'est
» plus une personne cherchant l'emploi d'un capital ou un
» placememement de fonds, le spéculateur dont il s'agit a tout
» au plus à sa disposition une somme ou une valeur rela-
» tivement minime et il donne l'ordre à son agent d'acheter
» pour 100.200 ou 300.000 francs de valeurs, livrables à la
» fin du mois. Que les cours viennent à hausser ayant
» acheté à un prix moindre, il trouvera facilement, en
» réalisant le moyen de s'acquitter ; ou s'il ne lève pas les
» titres, il devra bonifier d'une différence ; que les cours
» baissent, au contraire, et que la dépréciation tombe à sa
» charge que se passe-t-il ? Il ne peut faute de capital et il
» n'a jamais voulu d'ailleurs prendre livraison de titres
» dépréciés. Il les fait revendre alors, mais en même temps
» il les rachète pour la quinzaine suivante ou fin de mois.
» S'il y une différence, il la paie ou en est débité. Le plus
» souvent, il a donné à l'avance pour assurer ce paiement
» et livré comme ouverture le petit capital ou la valeur

» dont il avait la seule dispostion. Ce qui s'est fait à une
» première échéance de quinzaine ou fin du mois, se
» renouvelle aux échéances suivantes et la liquidation ne
» s'opère jamais que par le paiement des différences, sans
» qu'il y ait jamais livraison du titre vendu, ni réalisation,
» ni paiement du capital prix de la chose vendue. N'y a-t-il
» pas ici le jeu, n'est-ce pas sous le voile du report et sous
» l'apparence d'une opération régulière le pari sur la hausse
» et la baisse des effets publics ? (1)

En admettant ces distinctions, la jurisprudence permettait aux joueurs malhonnêtes de se dérober à leurs engagements, en invoquant l'exception du jeu. La loi du 28 1885 en reconnaissant la légalité des marchés à terme et déclarant que nul ne peut, pour se soustraire aux obligations qui en résultent, se prévaloir de l'article 1965, lors même qu'il se résoudrait par le paiement d'une différence, admettait une présomption légale en faveur des marchés à terme et de leurs modalités. Les parties qui ont consenti à faire une opération de report sont présumées avoir voulu faire un marché sérieux : à moins que les circonstances de la cause ne viennent révéler d'une manière évidente l'existence d'un simple agiotage et la volonté de la part des donneurs d'ordres de ne pas faire d'opérations licites. Puis, la jurisprudence est bientôt revenue à son ancienne distinction, elle a, comme dans les marchés à terme, décidé que le report était parfois illicite et que c'était aux tribunaux qu'il appartenait d'apprécier si l'on est en présence d'un report sérieux ou d'un jeu de bourse dissimulé et de refuser, dans ce dernier cas, toute sanction à l'opération (2).

(1) Rapporté dans Buchère, 556.
(2) Fuzier Hermann, Marchés à terme, n° 66. — Ruben de Couder, Report, n° 12 et s. — Buchère, n° 549).

Une autre règle a été appliquée tout récemment par les Tribunaux, on considère les reports comme formant des opérations parfaitement distinctes les unes des autres, complètes, lesquelles réunissent les éléments dont elles se composent essentiellement, à savoir : un achat au comptant et une revente à terme, ou une vente au comptant et un rachat à terme, intervenus simultanément sur les mêmes valeurs entre les mêmes personnes. L'opération ainsi effectuée est indépendante de celles qui l'ont précédée ou qui la suivront. (Cass. 1er mars 1897, S. 97. 1. 220. — Trib. comm. de la Seine, 22 mars 1893. J. Le Droit, 21 avril 1893. — Contra Paris, 5 mai 1894; sous Cass. 1er mars 1897, précité). Peu importe la nullité d'un report antérieurement fait, si l'opération d'achat et de vente, ou de vente et de rachat a été régulièrement faite, c'est-à-dire si, s'agissant de valeurs côtées, elle a été effectuée sur ordre par le ministère d'un agent de change, elle est valable au regard de toutes les parties intéressées, spécialement vis-à-vis du mandant comme du mandataire.

Nature juridique. — Il faut aussi étudier la nature juridique du report et analyser les divers éléments qui composent cette opération. Deux opinions se sont fait jour sur cette question et ont jeté le désaccord dans la doctrine et la jurisprudence. Y a-t-il véritablement deux ventes, l'une au comptant, l'autre à terme ; ou n'y a-t-il qu'un prêt sur gage, dans lequel le reporteur jouerait le rôle de prêteur et le reporté celui d'emprunteur, les titres formant le gage, le prix du marché au comptant, la somme prêtée, le prix du marché à terme, la somme à rembourser et la différence entre ces deux prêts, le montant de l'intérêt (1) ?

(1) V. Thaller, n. 768 et suiv.

Cette opinion, qui ne considère le report que comme un prêt sur nantissement, ne se rend compte que du but cherché et voulu par chacun des contractants ; elle ne voit que le résultat de l'opération : le détenteur de titres se trouve en possession de fonds qui lui permettent de solder son découvert et le capitaliste a en mains des titres qui servent à garantir le remboursement de sa créance. C'est sous cette qualification de prêt sur nantissement que le conseiller Bresson, dans son rapport que nous avons cité plus haut (1), admettait le report et cette théorie a été soutenue par une grande partie de la doctrine à la tête de laquelle se trouvaient Pont, Bozérian, Mollot, Bédarride et Boistel (2).

Pont disait (t. I ; des *Petits contrats*, n° 625): « Le report, » comme les autres opérations de Bourse, affecte la forme » d'un achat et d'une vente, mais au fond il diffère de ces » opérations en ce qu'il constitue un prêt sur nantisse- » ment. » Et Bozérian (n° 91), en parlant de cette théorie, dit : « Cette proposition n'est-elle pas évidente ? N'est-il » pas certain que le capitaliste joue, dans ce contrat, le « rôle de prêteur, que le spéculateur joue celui d'emprun- « teur.... » C'est donc sur le rôle économique que peut jouer le report, qu'ils se fondent pour affirmer leur opinion. Quels sont les reporteurs ? Des capitalistes qui font valoir des capitaux qu'ils ont en mains. Quels sont les reportés ? Des donneurs d'ordres à découvert qui ont besoin d'argent. Les uns vont trouver les autres et les fonds servent à payer les différences. Quant aux titres, ils ne jouent le rôle que de simples gages. Et pour affirmer la réalité de cette opi-

(2) V. plus haut, p. 212.
(2) Bozérian, n° 328, — Pont « Petits Contrats », t. 1, n° 625. — Boistel, n° 414. — Bédarride, n° 1090. — Mollot, n° 478.

nion, admettons que l'opération du report se réduise à une simple fiction, en supprimant l'achat et la vente : le reporté empruntant simplement et directement les fonds du reporteur et les fonds passant directement à l'état de garantie : l'opération serait valable et aurait le même résultat que le report actuel. Que demain le report s'établisse sur ces bases, rien ne sera changé, le report aura toujours sa raison d'être, sa forme seule aura varié.

Les partisans de cette première opinion prétendent encore trouver des armes dans l'argumentation de leurs adversaires. Nous verrons tantôt que la doctrine adverse veut voir, dans le report, une vente suivie d'un rachat immédiat et obligatoire. C'est en quelque sorte un pacte à réméré, différant sans doute du réméré ordinaire par plusieurs points secondaires, mais qui s'en rapproche dans son ensemble et ses principaux traits. Or, qu'est-ce donc que ce rachat immédiat et obligatoire ? N'est-il pas démontré que le réméré dissimule bien souvent un prêt sur un gage contracté usurairement. Le rachat n'est alors qu'un moyen l'opération n'est plus une vente, mais bien un contrat pignoratif. Aussi la loi se défie-t-elle du pacte à réméré: elle le permet, car dans certaines circonstances il peut être sincère et pur de toute collusion frauduleuse; mais enfin elle ne fait que le tolérer sans jamais le rendre obligatoire. Ici, au contraire, nous sommes en présence d'une obligation imposée au reporté. Il a vendu ses titres, il doit les racheter dans cette opération du report, il n'est pas libre de s'arrêter au milieu de l'opération. Le reporté d'ailleurs rachète ses titres, non pas dans le but d'être acheteur, il a vendu uniquement dans l'intention de se procurer des fonds, il rachète pour ne pas se dessaisir de la propriété. Sans compter les autres inconvénients qu'il y a d'assimiler complètement le report à une vente à réméré, il est donc plus juste de le comparer à un contrat pignoratif.

Un autre argument invoqué par Mollot, dans son *Opuscule des Reports à la Bourse* (p. 47), et qui milite en faveur de la distinction à faire entre le report et la vente à réméré, c'est qu'il n'y a qu'une seule et même convention dans le réméré, une seule vente résoluble dans le délai convenu et qui s'efface si le retrait s'opère. Mollot veut voir, dans le report, deux ventes absolument distinctes et successives.

Dans le contrat de vente, c'est la volonté des parties qui opère la translation de propriété, du moins entre les deux contractants. Le vendeur consent à renoncer aux droits qu'il possède sur la chose vendue, l'acheteur a la ferme intention de devenir propriétaire. C'est un caractère indispensable qui existe dans toute vente. Il existe au même degré dans la vente à réméré, plus tard il est vrai, lors de l'exercice du droit de rachat, la volonté du vendeur se modifiera ; mais il n'en est pas moins vrai qu'à un moment donné, suivi d'une période plus ou moins longue, il y aura accord parfait des deux parties l'une donnant, l'autre recevant. Et cette idée est tellement exacte que si le délai imparti est expiré, cet accord de volonté produira un effet définitif et désormais irrévocable. Or, dans le report, trouvons-nous cet accord de volonté ? Peut-on dire que celui qui livre les titres à seule fin de se les voir rendre, a voulu transférer ses droits de propriétaire, et que le reporteur a voulu en devenir seul propriétaire ? Incontestablement non, parce que l'ensemble de ces opérations, d'après la théorie universellement reconnue, est indivisible, qu'elles sont la condition essentielle l'une de l'autre, qu'entre la vente et le rachat il n'y a pas même un instant de raison pendant lequel la volonté après s'être fixée sur une opération, puisse changer d'objet. Comment admettre que l'on puisse cesser d'être propriétaire au moment même où on le devient.

Enfin, les partisans de cette théorie invoquaient un jugement rendu au Tribunal de commerce de la Seine du 11 mars 1857 (D. Trésor public, n° 1392), qui avait qualifié de prêt sur nantissement une opération que les parties avaient appelée report. Mais il résultait, de la question de fait, que le mot report avait été employé à tort par les contractants. Il y avait eu en réalité un véritable prêt de 11.000 fr. fait sans aucun intermédiaire d'agent de change et avec obligation de rendre une somme de 12.000 fr. dans le délai de trois mois. Le prêt était dans l'espèce parfaitement déterminé.

Malgré ces arguments, cette doctrine fut longtemps combattue. Une seconde opinion, présentée récemment par M. Lyon, avoué à la Cour d'appel de Paris, dans un article paru dans la France judiciaire (t. IV, p. 80), veut voir dans le report non seulement un simple prêt sur nantissement, mais un double prêt : un prêt de choses fongibles contre un prêt de choses fongibles (1). Je possède des titres, un autre opérateur a de l'argent, je lui prête les titres, il me remet l'argent à titre de prêt et la restitution s'effectue à la liquidation prochaine. Chaque partie joue donc un double rôle, étant à la fois prêteur et emprunteur. Ce système n'est qu'une variante de la théorie précédente. Le seul but, qu'a visé le défenseur de cette doctrine, a été de vouloir éviter les conséquences qu'entrainait la première opinion.

En admettant que le report ne soit qu'un simple prêt sur nantissement, on ne peut considérer le reporteur

(1) Des « Reports ». Th. de doctorat, de Prat, p. 26.

qu'à titre de simple créancier gagiste, incapable de disposer des valeurs remises, d'assister aux assemblées générales, de toucher les lots. La théorie de M. Lyon évite ces résultats fâcheux, mais cette théorie a le même fondement que la précédente et les mêmes arguments serviront à la combattre.

Il y a enfin une troisième opinion adoptée aujourd'hui par la jurisprudence (Paris, 21 décembre 1861, D. J. G., Tresor Public, n° 1409. — Req. 3 février 1862. D. 62. 1. 163. — Paris, 19 avril 1875, D. 75. 2. 161. — Lyon, 26 juillet 1882. D. 83. 2. 25.), et défendue par un grand nombre d'auteurs, parmi lesquels figurent : Dalloz (1), Bravard, Veyrières, Lyon-Caen et Renault. D'après cette théorie, le report doit être considéré, non pas comme un prêt sur nantissement, mais comme une double opération, un achat au comptant et une vente à terme : l'achat ayant pour objet de rendre le reporteur propriétaire et la vente transportant de nouveau la propriété des titres au reporté. L'opération est une sorte de contrat « sui generis » comprenant un achat, puis une vente. Buchère va même plus loin (n° 460) et la considère comme une vente à réméré.

Nous reconnaissons, il est vrai que celui, qui a fait un report en vendant au comptant un titre qu'il rachète à terme, n'a en réalité, si son opération est sérieuse, d'autre but que de se procurer, pour un certain délai, les fonds qui lui sont nécessaires, sans aliéner définitivement les valeurs qui lui appartiennent. Mais il ne s'agit pas de déterminer le but de l'opération, mais d'en rechercher le caractère. Or, pour arriver au résultat qu'il désire, celui qui a

---

(1) Dalloz, v. « Trés. Public », n° 1391 et suiv. — Lyon-Caen et Renault, 1527 et t. IV, n° 988. — Bravard, Veyrières, cité dans thèse de doct. des « Reports », de Prat, p. 27.

besoin de fonds ne s'adresse pas un prêteur qui pourrait discuter sa solvabilité, ses garanties personnelles et morales, si souvent prises en considération dans le contrat de prêt ; il ne connaît pas celui avec lequel il traite et n'est pas connu de lui. Il remet son titre à un agent de change avec ordre de lui trouver un acheteur au comptant. Dès le moment du contrat, la vente est parfaite : l'acheteur est propriétaire du titre et non simple dépositaire, et si ce titre venait à disparaître, lorsqu'il est entre ses mains, il n'aurait aucun droit de créance, aucune réclamation à exercer contre son vendeur qui a exécuté le contrat vis-à-vis de lui. (Trib. comm. de la Seine, 12 juin 1882. Journ. Val. Mobilières, 1883, p. 37. — Lyon, 10 août 1887. Dr. Financier 1888, p. 37. — Paris, 4 juillet 1890. Dr. Financier, 1890, p. 407). On s'appuie sur ce que ces mêmes titres sont immédiatement revendus à terme, que l'acheteur sera donc obligé de s'en dessaisir et d'en faire livraison à son ancien vendeur qui est devenu son acheteur, mais cette nouvelle convention ne détruit en aucune façon la première. Une vente a pu succéder à l'achat ; mais, du moment que le premier acheteur a été un moment propriétaire, ne fût-ce même qu'un instant, la propriété s'est fixée sur sa tête avec tous ses avantages.

On vient encore de dire que la revente est faite au premier vendeur et, comme le terme n'est stipulé que pour le paiement, le vendeur, redevenu acheteur, est véritablement propriétaire. Mais ce qui marque bien la distinction qui existe entre ces deux opérations, l'achat et la revente, c'est qu'elles ne sont même pas faites aux mêmes conditions et qu'elles ne peuvent l'être. Cette différence est de la nature essentielle du report, autrement cette opération de Bourse deviendrait inutile au point de vue économique et l'on ne trouverait plus de capitalistes, consentant à s'engager dans ces reports, s'ils n'y pouvaient trouver d'avantages.

Les conséquences qui résultent de ces reports montrent bien qu'il y a eu une translation de propriété :

Le report a lieu d'habitude sur des titres au porteur, l'acheteur, qui doit la livraison de ces titres au jour de la liquidation, doit remettre des valeurs de même nature, s'il vient à les perdre alors même qu'elles auraient péri entre ses mains, il en doit rendre compte à son acheteur ; il est donc parfaitement propriétaire *Res perit domino*. Si, au contraire, l'acheteur devient insolvable, le vendeur aura la faculté de garder les titres. Buchère cite, comme exemple curieux de cette faculté, une des liquidations de 1848. Les cours tombèrent si bas au moment de la Révolution de février et la liquidation présenta des différences si considérables, que les agents de change n'auraient pu y faire face. Sur la demande de la Chambre syndicale, le ministre des finances, prenant une mesure arbitraire et sans précédent, mais d'une utilité incontestable, rendit un arrêt fixant un cours de compensation. Les reporteurs ou vendeurs à terme, ne trouvant pas leurs acheteurs en mesure d'exécuter le marché, purent conserver les titres et se contenter de la prime que leur allouait l'arrêté du ministre.

Ce qui montre bien encore la véritable propriété du reporteur, c'est que si jamais le report portait exceptionnellement sur des titres nominatifs, le premier acheteur pourrait obtenir le transfert des titres vendus et il faudrait, à la liquidation, un nouveau transfert pour le reporté acheteur à terme.

Le report est donc un contrat ou mieux une succession de contrats ; il comprend deux opérations : l'une au comptant, subordonnée à une condition, savoir que la seconde ait lieu, et l'autre à terme. Dans ces deux opérations, sans nous occuper du but différent que recherchent l'une et l'autre partie, nous ne pouvons que reconnaître deux ventes successives, transférant l'une et l'autre la propriété. Tel est le véritable caractère du report : deux ventes se succédant l'une à l'autre, ou, si l'on veut, une vente à réméré, dans laquelle la faculté de rachat est exercée immédiatement par le vendeur ; mais avec un terme pour le paiement. ce qui laisse la propriété de la chose vendue à l'acquéreur primitif jusqu'à l'échéance stipulée et lui permet de la conserver en cas de non paiement (art. 1673 C. civ.).

Nous trouvons un autre argument en faveur de cette théorie dans le Code de commerce italien de 1882. Dans un titre consacré exclusivement au report (*riporto*, art. 73 et 75), le législateur italien admet que cette opération est un contrat spécial, comprenant une vente au comptant et un achat à terme simultanés.

En France, la question a été soumise à la Cour de cassation, dans une espèce où les deux parties déclaraient avoir voulu faire, au moyen d'une opération de report, un simple prêt sur nantissement ou dépôt de valeurs. L'emprunteur qui avait contracté cette opération, avait vendu 500 actions au porteur et les avait, le même jour, rachetées à terme : il prétendait être resté propriétaire des titres vendus et s'opposait à ce que la revente en fût autorisée par justice ; le nantissement qu'il reconnaissait avoir consenti, étant irrégulier, faute par les parties de s'être conformées aux prescriptions de l'article 2074 et suivants du Code civil.

La Cour n'a pas statué expressément sur le point relatif au caractère juridique du contrat, le moyen étant proposé pour la première fois en Cassation et étant dès lors repoussé par une fin de non recevoir. Mais le rapport présenté à l'audience par M. le conseiller Calmètes (1), établit nettement la différence qui existe entre le nantissement et le report qu'il considère comme une vente à réméré. Il en résultait que le détenteur devait être considéré comme légitime propriétaire des titres, par suite de la vente primitive faite à son profit, malgré la revente à terme qu'il avait consentie. (Cass. 1882. S. V. 62. 1. 370 et D. 62. 1. 163). Tous ces arguments ont été enfin condensés dans un parère produit en 1823 (2), au cours d'un procès Callot c. Syndic Sandrié-Vincourt, où pour la première fois la question de la nature juridique du report était soumise à l'appréciation des tribunaux. Les rédacteurs de ce document avaient pris, pour base de discussion, un report portant sur des titres nominatifs. La nécessité du transfert rendait ainsi plus visible le droit de propriété, bien que d'habitude, les reports n'ont lieu que sur des titres au porteur. Ce parère se terminait ainsi : « Le paiement fait par X., le transfert en son nom sur le Grand-Livre, la remise de l'inscription ne permettent point de douter qu'il ne soit réellement propriétaire de cette inscription. Les différentes conventions pour la revente ne sauraient infirmer le contrat d'achat et en dénaturer l'essence. En résultat, X. a acheté la rente, il l'a payée, l'a fait inscrire à son nom, en a pris livraison et l'a revendue à terme : il a fait ce que font d'habitude les banquiers, les négociants, les capitalistes. Cette opération est la seule qui attire sur les effets publics les fonds indispensables à leur crédit. Si on faisait naître

---

(1) En note s. S. 62. 1. 370. — C. Dall., Rép. « Trésor Public », n° 1391. Mollot, n° 428. — Rapp. de M. le Conseiller Lepelletier, s. Cass., 25 février 1884. S. 85. 1. 195 — Note s. Paris, 19 avril 1875. S. 76. 2. 113. Contrà Deloison. Traité Valeurs Mobilières, n° 484.

(2) De Prat. Des « Reports » p. 33.

la moindre crainte sur une opération aussi utile au Gouvernement, nous sommes convaincus qu'on frapperait son crédit du coup le plus funeste. »

Il faut donc admettre que le report constitue un contrat de vente et d'achat, et non un prêt sur nantissement : cette distinction peut amener les conséquences les plus grandes.

Conséquences. — 1° Autrefois, avant la loi du 29 mai 1863 et la modification de l'article 91 du Code de commerce sur le prêt commercial, on se demandait si le report considéré comme constituant un simple prêt devait être soumis aux formalités des articles 2.074 et suivants du Code civil (1). La jurisprudence avait admis la négative et les auteurs, comme Bozérian, qui défendaient la théorie du prêt sur nantissement, étaient forcés de chercher des raisons spécieuses pour expliquer la décision de la jurisprudence. Les parties, disaient-ils, avaient emprunté la forme d'une vente et « ce contrat n'étant soumis à aucune formalité spéciale, le report en profitait (2). »

2° Mais à côté de cet intérêt qui a aujourd'hui disparu, le report envisagé suivant l'une et l'autre doctrine peut produire des résultats bien différents. Tout prêt, qu'il soit ou non accompagné d'un nantissement, donne lieu à la perception d'un intérêt. Cet intérêt est librement débattu entre les parties, le taux en est soumis à des causes nombreuses, solvabilité de l'emprunteur, abondance ou rareté d'argent disponible sur le marché. Rien de semblable n'existe dans le report et tel ne portera son argent, à titre de prêt, qu'après de nombreux renseignements qui reportera un spéculateur sans le connaître.

(1) Lyon-Caen et Renault, t, I, n° 688 bis, d. et en note et 1.527
(2) Bozérian, t. I. n° 332.

3° D'autre part, le bénéfice de son opération résidera dans la différence des prix de l'opération au comptant et de l'opération à terme, différence qui dépendra peut-être de la quantité de numéraire disponible, mais encore et surtout, de l'allure de la spéculation qui peut être a la hausse ou à la baisse. Mais dans tous les cas aucun débat n'interviendra entre les contractants.

4° Une autre différence existe entre le report et le prêt sur nantisssement. Le reporteur, après avoir acheté les titres au comptant, peut, bien qu'il les ait immédiatement revendus, les revendre de nouveau, mais au comptant et ce dans l'intervalle qui sépare son premier achat au comptant et le terme fixé pour la livraison qu'il doit faire au reporté. Il faudra seulement qu'à la liquidation, il s'en soit procuré de pareils pour les livrer à son acheteur : jusque là, il est libre d'en faire ce que bon lui semblera, le report pouvant concerner et concernant en fait presque toujours des titres purement fongibles. Rien de semblable pour le nantissement, qui doit rester tel qu'il a été constitué entre les mains du créancier gagiste : celui-ci ne peut en faire l'objet d'une vente, d'un dépôt ou d'un prêt, n'en pouvant en aucune sorte en disposer (art. 2078).

5° Enfin, le nantissement laisse aux risques et périls du reporté les titres donnés en garantie, le reporté en étant seul propriétaire, le reporteur ne les a qu'à titre de gage. Il en est autrement si le reporteur est considéré, suivant la théorie générale, comme propriétaire et non pas comme créancier gagiste. C'est surtout au sujet de cette transmission de la propriété qu'existe la plus grande différence entre les deux théories tour à tour soutenues. Suivant que l'on admet le prêt sur nantissement, ou la double vente, on regardera le reporteur comme créancier gagiste ou véritable propriétaire et on lui refusera de faire, ou on lui permettra les actes qui dérivent de cette propriété (1). Pour éviter donc les résultats funestes qu'avait pour le reporteur la théorie du prêt sur nantissement, M. Lyon, qui ne voulait pas admettre la vente réelle, a proposé le système dont nous avons parlé tantôt : le double prêt de choses fongibles. En effet, pour les choses fongibles celui qui les reçoit à titre d'emprunteur en devient propriétaire, de même que l'emprunteur de choses qui se consomment par l'usage et choses y assimilées (art. 1893 C. civ.). Et l'auteur de cette théorie avoue qu'il n'en serait pas de même pour des reports sur titres considérés « in specie ». D'une façon absolument générale, avec la théorie de la double vente, quelle que soit la nature des titres, le reporteur en devient propriétaire (Paris, 19 avril 1875. D. 75. 2. 101).

Mais, parmi les partisans de la théorie de la double vente, il y eut même des dissensions. (Tribunal d'Alençon, France Judiciaire. Année 1878-1879, 1re partie). On admettait bien les deux ventes successives, l'une faite au reporteur par le reporté, l'autre au reporté par son premier acheteur ; mais de ces deux ventes l'une est faite au comptant, l'autre à terme. Dans la vente à terme, le terme ne suspend que l'exécution de l'obligation et non sa naissance : l'obligation naît au moment même de la convention. Or, comme les deux opérations au comptant et à terme sont simultanées, le reporteur n'est propriétaire que pendant l'intervalle très court des deux opérations. A l'arrivée du terme, en vertu de l'article 1184 par lequel toute convention synallagmatique renferme une condition résolutoire, si l'une des parties ne satisfait pas à son engagement, la résolution de la vente a lieu de plein droit, et sans sommation au profit

---

Lyon-Caen et Renault, t. IV, n° 688 et 1527.

du vendeur, après l'expiration du terme en matière de vente d'effets mobiliers. La vente sera alors résolue, mais si le droit du reporté disparaît, c'est qu'il a en réalité existé, s'il cesse alors d'être propriétaire, c'est qu'il l'a été avant la résolution.

A cette argumentation très spécieuse et qui paraît conforme aux principes du droit, on répond que dans la réalité à ne consulter que l'intention des parties contractantes qui fait loi en matière de convention, la seconde vente est beaucoup moins une vente à terme qu'une vente sous condition suspensive, accompagnée d'un délai dans lequel la condition doit être accomplie. Lorsque le reporteur dit au reporté : je vous vends 25 actions liquidation prochaine à tel prix, il entend surtout dire : je vous promets 25 actions, si à telle époque vous me payez tel prix. L'existence de l'obligation resterait en suspens jusqu'au terme fixé et elle serait considérée comme n'ayant pas existé, si elle ne se trouve pas réalisée au terme. Par conséquent, tant que le paiement ne sera pas effectué, le reporteur sera considéré comme étant propriétaire. Quoiqu'il en soit d'ailleurs, ces explications ne visent que les cas extrêmement rares où le report se fait sur des titres déterminés « in specie » ce qui ne se présente pour ainsi dire jamais en pratique.

De ces principes découlent de nouvelles conséquences.

6° Comme propriétaire le reporteur a droit *d'assister aux Assemblées générales* (Cour de Paris 1875, 5 avril. S. 1876. 2. 113) (1).

7° Le *coupon* appartient également à celui qui est propriétaire, mais on doit se demander à quel moment il faut avoir cette propriété. C'est au moment où l'on détache le coupon. Le coupon représente tout ce que l'on peut toucher,

---

(1) Lyon-Caen et Renault, t. IV, 688 bis, d. et 1627.

soit à titre d'intérêt, soit à titre de dividende : cette définition qui est exacte pour les titres au porteur ne s'applique que par extension aux titres nominatifs ; on ne paie pour, ces derniers, qu'après la remise de la petite bande afférente au titre que l'on découpe à cet effet après avoir apposé une estampille sur le titre. En termes de Bourse, *détacher le coupon* » c'est attribuer la valeur de ce qui est dû au propriétaire du titre à un moment donné, c'est défalquer le montant de ce coupon ; mais, et ce point est très important, cette défalcation est absolument indépendante du moment où le coupon sera réellement payé. Détacher le coupon n'est donc pas effectuer l'opération matérielle, faire mettre l'estampille ou détacher réellement la bande de papier, mais faire purement et simplement abstraction de la valeur, soit que le coupon ait été déjà payé ou qu'il n'ait pas été perçu. Pour les valeurs qui ne sont cotées qu'au comptant, les coupons viennent à échéance deux fois par an et sont payés au premier du mois. On détache exactement le coupon le jour où l'on paie. Mais comme ces valeurs ne peuvent qu'être négociées au comptant, elles ne peuvent faire l'objet d'un report. Quant aux autres valeurs (1), on en détache le coupon lorsque la liquidation est terminée, c'est-à-dire à la sixième Bourse du mois, en réalité lorsque les paiements peuvent avoir déjà été effectués (on exprime sur les cotes par ces mots : jouissance de.... » le moment où le dernier coupon a été payé ; le détachement du coupon est indiqué sur la note de la Bourse suivante par la mention « ex coupon », c'est-à-dire titre sans coupon qui accompagne l'indication de la valeur).

Le détachement du coupon après la liquidation se justifie pleinement et trouve sa raison d'être dans l'existence

(1) De Prat des « Reports », p. 78.

du marché à terme et de la liquidation qui le termine. En effet, les titres qui faisaient l'objet d'un marché à terme étaient livrables fin courant ; ils devaient donc être munis de leurs coupons, puisque le paiement des coupons n'a généralement lieu que le premier du mois. Ce ne sont que les nécessités de la Bourse qui, avec les formalités de la liquidation, reculent de quelques jours la livraison effective des titres. C'est au moment où la propriété devait être réellement transférée, c'est-à-dire fin courant, qu'il faut se reporter. A cette époque, le vendeur à terme, bien que détenteur matériel des titres, n'en est plus propriétaire. Pour les marchés au comptant des mêmes valeurs, on a dû les soumettre aux mêmes formalités, puisque le même titre peut successivement être l'objet de négociations à terme et de vente au comptant. C'est donc à la sixième Bourse du mois que, pour ces valeurs, la défalcation sera indiquée sur la cote par la mention « ex-coupon ».

Mais pour la rente les échéances ne sont plus les mêmes. Les coupons sont payés tous les trois mois pour le 3 %, le 3 1/2 % et le 4 % amortissable, le 4 1/2 nouveau ; tous les six mois, pour le 4 1/2 ancien. Pour toutes ces valeurs, on détache le coupon quinze jours avant le moment où les caisses de l'Etat en paieront le montant. Ce résultat curieux provient des circonstances suivantes : Autrefois. quand les valeurs n'étaient pas nombreuses, le Trésor Public autorisait les rentiers à déposer leurs titres un certain temps à l'avance : cela permettait de procéder plus facilement à la double formalité de l'estampille et du paiement des intérêts. On donnait au porteur un récépissé qui représentait les titres et empêchait leur immobilisation, en permettant au porteur de le négocier ; mais pour permettre de le négocier, on admit la fiction du détachement du coupon

— 231 —

quinze jours d'avance. Mais survint alors une autre anomalie, le reporteur qui était propriétaire du coupon de rente au moment où le coupon en était détaché, n'en profite pas. L'usage à Paris, en effet, est d'attribuer à l'acheteur à terme ou reporté le coupon de la rente. Cet usage est bien anormal : au moment où il achète, le coupon était bien attaché au titre, mais il ne l'est plus au moment de la livraison. Malgré tout le caractère illogique de cette manière d'agir cet usage est constant à la Bourse de Paris et fait loi.

Voici un exemple de cette règle du détachement de coupon. J'achète en liquidation de novembre pour 3.000 fr. de rente 3 % au prix de 100 fr., je revends fin décembre au prix de 100 fr. 25 le coupon est payable au 1er janvier A quel moment le coupon est-il détaché ? le 16 décembre. Or, à ce moment, c'est moi reporteur qui suis propriétaire, c'est moi qui suis appelé à le détacher et ce n'est pas moi qui en bénéficierai.

C'est la seule exception au principe que le montant du coupon doit appartenir à celui qui est propriétaire, non pas au moment où le paiement est réellement effectué, mais au moment où le coupon est détaché.

Mais si l'on considère le reporteur comme créancier gagiste, et non pas comme propriétaire, il n'y a aucune distinction à faire puisque sa dette ne porte pas intérêt aux termes de l'article 2081 ; l'imputation du produit du gage doit se faire sur le capital de la dette.

8° La question se résoud de la même façon pour les *lots*. D'après la théorie du reporteur propriétaire, c'est à ce reporteur à profiter de ces lots ; mais s'il n'est que créancier gagiste, il devra en tenir compte au reporté, comme produit de la chose mise en gage, on en considérant le lot comme résultat d'un prélèvement opéré sur l'intérêt périodique.

9º La même solution s'impose pour le *droit de souscription* réservé uniquement à certains actionnaires. Lorsqu'une société émet de nouvelles actions pour augmenter son capital, afin de conférer un certain avantage aux anciens actionnaires, elle leur permet parfois de souscrire ces actions par privilège et avant tous autres. Ce privilège n'appartient qu'au propriétaire du titre et peut, par conséquent, appartenir à un reporteur. On verra donc parfois des capitalistes poussés par un désir d'entrer dans une société et dans le but de se procurer de nouvelles actions, reporter même avec un déport assez considérable pour être un moment propriétaire d'anciennes actions et participer à la nouvelle émission. Alors que l'achat peut être impossible, un report pourra procurer cette propriété momentanée.

Une dernière question se pose dans laquelle apparaît encore le mal fondé de la théorie du report, considéré comme prêt sur nantissement : on peut se demander quels sont, à l'arrivée du terme, les droits du reporteur non payé ? Les partisans de la doctrine du prêt sur nantissement devraient dire que le reporteur, en tant que créancier gagiste, ne peut avoir que les droits que lui donne l'article 2078, ainsi conçu : « Le créancier ne peut, à défaut de paiement, disposer du gage, sauf à lui à faire ordonner en justice que ce gage lui demeurera en paiement et jusqu'à due concurrence, d'après une estimation faite par expert, ou qu'il sera vendu en justice. Toute clause contraire, voulant éliminer les formalités ci-dessus, serait nulle. »

Bozérian, logique avec la doctrine qu'il défendait, admettait cette rigoureuse déduction ; mais la grande majorité des auteurs, partisans du report considéré comme prêt sur nantissement, éliminent cette conclusion ; ils admettent ainsi que l'arrêt de la Cour de cassation du 3 février 1862

(D. P. 62. 1. 163) que l'article 2078 du Code civil ne s'applique pas au report, mais sans motiver cette décision.

Les partisans de la double vente sont d'une façon plus logique de cet avis. Lors de l'arrivée du terme, si le prix n'est pas payé la condition s'évanouit et la propriété de l'acheteur devient pure et simple, il a le droit de disposer à son profit des valeurs.

Telle n'est cependant pas la solution admise en pratique. On a toujours reconnu, en Bourse, au reporteur, non pas le droit de garder pour lui les titres, lorsque le reporté ne s'est pas acquitté de ses obligations, mais celui de les revendre aux risques et périls de ce dernier, c'est-à-dire « d'exécuter le reporté ». (Lyon, 26 juillet 1882, D. P. 82. 2. 25). On a basé cette solution sur l'intention présumée des parties, le reporteur a bien acquis momentanément la propriété de ces titres, mais il n'a jamais voulu garder ces valeurs en portefeuille.

FORMALITÉS. — Il nous reste à étudier la manière dont s'effectuent ces reports. D'habitude, ils se font par l'intermédiaire des agents de change, sur les marchés où il y a un grand nombre de marchés à terme engagés comme à Paris, à Lyon, Marseille ou Bordeaux.

Parfois même, ils s'effectuent en coulisse et nous avons vu qu'une jurisprudence assez bien établie en proclamait dans ce cas la nullité, en s'appuyant sur son irrégularité. D'ordinaire le client avertit son agent de la volonté qu'il a de reporter ou d'être reporté et l'agent fait l'opération : Si le report ne nécessite que l'intermédiaire de deux agents, dont l'un vend à terme après avoir vendu au comptant : on appelle ce report « report direct ». Mais si le report nécessite l'intervention d'un intermédiaire, si l'acheteur à terme se trouve en face d'un vendeur au comptant, il faudra qu'un troisième agent intervienne et achète au comptant au second pour vendre à terme au premier : la simultanéité de l'opération, qui apparaissait nettement dans la première opération, n'est pas indiquée dans la seconde, le report est dit alors « indirect » ; seul, le report direct est coté à la Bourse.

Il faut aussi mentionner, mais uniquement à titre de mémoire, certaines opérations de report faites par les banquiers. Il arrive parfois que des porteurs de titres qui ont besoin d'argent ne veulent pas vendre leurs valeurs, ou désirent se faire reporter pour quelqu'autre motif, par exemple, parce qu'ils sont en possession de valeurs récemment créées dont les cours ne sont pas établis en Bourse. Il peut de même se faire que des sociétés de crédit voulant opérer sur de grandes quantités de titres ne veulent pas éveiller l'attention du public, ou amener sur cette valeur un mouvement qui leur serait défavorable. Dans ces différents cas, les intéressés préféreront s'adresser aux banquiers avec qui ils discuteront les conditions de leur opération, et prendre pour réaliser cette opération la forme matérielle qui leur plaira. Le plus souvent ces opérations ne sont que des prêts sur titres.

Mais ce n'est ici que l'exception : en règle générale, les reports se font par agents de change sur l'ordre du client. Ils sont « successifs », c'est-à-dire que les opérateurs peuvent être reportés de mois en mois. Lorsque la volonté du donneur d'ordre ou le refus de l'agent de change d'opérer de nouveaux reports, ou toute autre circonstance, arrête les opérations, il y a lieu au règlement de compte des différences résultant des marchés successifs.

La situation de l'agent de change peut alors être délicate,

si le client conteste les reports qui ont été faits pour son compte. En principe, l'agent de change ne doit agir qu'en exécution d'un ordre formel de son client. (Trib. Civ. de Grenoble, 17 Mars 1883. Journal des Val. Mobil. 1883, p. 178. — Trib. Civ. de Lyon. 1re Ch. 9 Février 1889. Droit Financier p. 379). Le donneur d'ordre qui a fait une opération à terme, doit avant la liquidation déclarer s'il lève les titres ou s'il désire reporter l'opération à la liquidation suivante. Il n'y a aucune difficulté à craindre, si cette détermination est prouvée par écrit ; mais cette déclaration peut aussi se faire verbalement et, d'après les usages de la Bourse, lorsque le client a donné l'ordre de faire des reports successifs, ils sont continués jusqu'à ce qu'une circonstance quelconque, une nouvelle déclaration du donneur d'ordre ou le refus de l'agent, vienne y mettre fin.

Lorsque cette interruption ne provient pas du client, il n'est pas rare de voir alors surgir des contestations. Le donneur d'ordre peut prétendre que les reports n'ont pas été effectués pour son compte ou qu'ils ont été faits à son insu. D'après le droit commun, il appartient à l'agent mandataire, qui réclame le remboursement des sommes avancées pour le compte de son mandant et pour l'exécution de son mandat, de prouver qu'il a agi en vertu des ordres de son client.

Il ne peut pas se borner à invoquer l'usage de la Bourse, cet usage ne peut avoir aucune force légale devant les Tribunaux. Mais, comme le plus souvent le débat qui s'élève entre l'agent et son client a un caractère commercial, la preuve qui est à la charge de l'agent devient plus facile et peut s'effectuer par tous les moyens possibles, par la correspondance et les livres, conformément à l'article 109 du Code de commerce. Ainsi les tribunaux admettent que la réception, sans protestation, par le client de comptes de liquidation successifs et d'avis de nouveaux reports, doit être considérée comme preuve suffisante de la ratification de ces reports (Trib. de comm. de Lyon, 28 mars, 4 août 1882. Monit. jud. Lyon, 1882, n° 121 et 301). Ces décisions très justes permettent de mettre fin à des réclamations de mauvaise foi.

Des difficultés plus sérieuses encore peuvent se présenter lorsqu'il s'agit de savoir si les opérations, dont le règlement est demandé, constituent ou non un report. Le client peut soutenir, à défaut d'un ordre formel, que la remise qu'il a faite à son agent de change ou banquier, qui lui a servi d'intermédiaire, des sommes d'argent, n'a eu lieu de sa part qu'à titre de gage ou de nantissement ou pour tout autre motif, et que celui-ci n'est pas autorisé à les employer en opérations de reports. Les tribunaux, en présence de questions de cette nature, doivent rechercher avec soin l'intention des parties, de manière à déterminer le caractère exact de la convention plutôt que de s'arrêter à la forme matérielle des actes (Trib. de com. de la Seine, 7 novembre 1889, 9 mai 1890. Dr. financier. 1890, p. 107 et 260). Ainsi, quoique nous ayons vu que l'un des caractères essentiels du report était l'achat au comptant et la revente à terme de titres de même nature et d'une façon continue, il a été pourtant jugé et avec raison que la réunion des circonstances ne suffit pas pour déterminer un report, s'il résulte des circonstances matérielles de la cause que le donneur d'ordre n'avait pas eu l'intention de faire un report. (Lyon, 10 février 1886. Cass. 29 juillet 1887. Pand. 1888. 1. 169) Dr. Financ. 1888. p. 77). L'espèce rapportée dans cette décision de la jurisprudence était une spéculation sur les actions de l'Union Générale. Il y avait eu rachat et revente, mais les valeurs n'étaient pas identiques: L'achat portait sur des actions anciennes et la revente à terme avait pour objet des actions nouvelles.

Il ne nous reste plus pour compléter cette étude du report qu'à donner quelques détails sur la forme matérielle de ces opérations. Le report peut se faire à différentes époques.

1re Hypothèse. — Le report peut se traiter avant la liquidation, vers la fin du mois, le 25 décembre par exemple ; je puis trouver, à faire reporter fin janvier, des opérations engagées fin décembre. Il me serait sans doute possible d'attendre la première Bourse de janvier, mais, dans certains cas, si la Bourse est agitée, je puis avoir avantage à faire de suite cette opération. Dans cette hypothèse, les écritures sont passées pour le compte de la liquidation prochaine et d'après le cours du jour. Voici un exemple de cette opération : Au 8 décembre, j'ai acheté fin courant 3.000 fr. de rente 3 % au cours de 103, soit 103.000. Au 25 décembre, trouvant les conditions favorables, je me fais reporter à 0,07 de report, le cours du jour étant 103 francs 20. Lorsqu'arrive la liquidation de décembre, voici comment le compte sera réglé :

    Acheté fin décembre   3.000 3 % à 103,   soit 103.000
    Vendu en liquidation   3.000 3 % à 103.20 soit 103.200
    Acheté fin janvier   3.000 3 % à 103.27 soit 103.270

Comme on le voit, l'opération vient se greffer sur la liquidation, elle y prend un nouveau point de départ : mais elle se fait au cours du jour où le report a été effectué.

2me Hypothèse.— Le report peut encore avoir lieu après la liquidation. Dans ce cas les écritures seront passées sur le comptant, mais au cours du jour. Voici un exemple de cette opération : Après la liquidation de décembre, le 5 janvier, je veux opérer un report, j'achète comptant 3.000 fr.

de rente 3 °/₀ au cours de 103.10, soit 103.100 fr.; je revends fin janvier à 103,25, soit 103.250 fr. Voici comment seront passées, dans ce cas, les écritures. L'opération au comptant fera l'objet d'un compte spécial, établi sur bordereau. L'agent dressera ce bordereau et le remettra contre l'échange des espèces, puisqu'il y a eu opération au comptant. Quant à l'opération à terme elle sera établie à l'époque de la liquidation sur un compte de liquidation.

3ᵐᵉ Hypothèse. Il y a enfin une troisième hypothèse qui se présente plus fréquemment. Le report a lieu le jour même de la liquidation. Dans ce dernier cas, toutes les écritures sont passées sur un cours du jour de la liquidation, fixé pour tous les reports et appelé « Cours de compensation ».

C'est donc à ces trois moments différents que peuvent prendre naissance ces reports ou à la liquidation ou avant ou après. Prenons l'hypothèse la plus fréquente, celle où le report a lieu en liquidation. Celui qui veut se faire reporter donne en liquidation ordre à son agent de change de faire un report sur la valeur qu'il lui indique ; si nous prenons un exemple sur les P. L. M. 3 °/₀. La première opération a eu lieu liquidation de mai. L'agent de change a acheté 200 obligations P. L. M. 3 °/₀ en liquidation comptant à 478 fr. 75. Il écrit à son client, au moment du report, pour l'avertir de l'opération faite suivant ordre et ajoute à cet avis un bordereau sur timbre à 1 fr. 80. Le reporteur peut à la réception du bordereau adresser les fonds, mais en pratique l'agent se contente de garder les titres.

En même temps qu'il a acheté au comptant pour reporter, l'agent a vendu à terme et ce n'est qu'à la liquidation que l'agent enverra à son client, désormais vendeur, le nouveau bordereau de vente sur timbre à 1 fr. 80. Ce bordereau formera la différence avec le premier, différence qui sera au profit et au déficit du client, et, c'est sur ce dernier bordereau que sera pris le courtage unique de l'agent. Chaque report comprend donc deux comptes, que l'on doit comparer pour apprécier le résultat général de l'opération et le dernier compte n'est transmis qu'à la dernière liquidation. Il nous faut étudier cette dernière formalité des marchés à terme.

CHAPITRE VI

Liquidation

Définition.
Formalités.
Liquidation pour les clients : Compensation de sommes.
—   —   Compensation de titres.
Liquidation centrale — Cours de compensation.
Exécution forcée.

Lorsque l'échéance arrive pour les marchés à terme, le donneur d'ordre doit alors prendre parti (1) : si les marchés sont fermes, il doit les réaliser, prendre livraison des titres, ou payer les différences qui peuvent exister à son déficit, ou recevoir celles qui existent en sa faveur ; si les marchés sont « à prime » il doit répondre à ses engagements, déclarer s'il lève les titres ou s'il se contente d'abandonner la prime. C'est, en effet, à la liquidation qu'a lieu la réponse des primes. A cette époque, chaque spéculateur doit liquider sa situation en Bourse, avant de se livrer à de nouvelles opérations. Cette époque fixe arrivait autrefois, pour les actions

(1) Buchère, n° 571. — Bozérian, n° 97. — Lyon-Caen et Renault, n° 970, t. IV. — Frémery, p. 69.

de chemin de fer, deux fois par mois le quinze et le dernier jour du mois ; tandis qu'une seule échéance était déterminée pour les rentes sur l'État : c'était l'échéance fin du mois. En 1859, un arrêté de la Chambre Syndicale des agents de change de Paris supprima la liquidation du quinze, pour les titres assimilés aux rentes sur l'État, mais en pratique ces deux liquidations subsistèrent pour les titres de moindre importance.

On peut remarquer ici en passant l'utilité que pouvait avoir la coulisse pour certaines opérations. On négocie en coulisse les « valeurs en banque » les valeurs non cotées et même les valeurs étrangères cotées, mais de peu d'importance, non assimilables aux rentes sur l'État ; pour ces dernières valeurs, les spéculateurs ont parfois intérêt à s'adresser à la coulisse. La coulisse n'a qu'une liquidation par mois, alors qu'il y avait deux liquidations pour ces valeurs au parquet. Les spéculateurs s'adressaient aux coulissiers pour ne pas subir la liquidation de quinzaine et diminuer les frais de courtage. Cette ressource n'existe pas pour les actions de société de crédit français : ces actions ne se négocient pas en coulisse.

Cette liquidation de quinzaine, qui avait été supprimée en 1859, dut être rétablie en 1866 et a été depuis maintenue tant à Paris que dans les Bourses de province où il existe un parquet. Mais les valeurs n'ont pas toujours deux liquidations mensuelles : certaines valeurs ne se liquident qu'une fois par mois, aux termes de l'article 88 du Règlement intérieur des agents de change : ce sont les fonds d'État français, les fonds d'État garantis par la France, les emprunts de la Ville de Paris, les actions de la Banque de France, les actions et les obligations des chemins de fer français et les actions et obligations du Crédit foncier de France. Toutes les autres valeurs se liquident deux fois par mois, et même dans les Bourses de province, notamment à Lyon, les chemins de fer français ont la liquidation de quinzaine (1).

La liquidation pour les opérations au comptant est des plus simple : elle consiste uniquement dans l'échange des titres et de la somme d'argent, et elle s'opère d'agent à agent; et lorsque les agents de change ont réglé entre eux, la liquidation a lieu entre chaque agent et son client.

Formalités. — Mais pour les marchés à terme, la liquidation est plus compliquée : il faut distinguer deux opérations : la première qui se termine entre les agents et que l'on nomme *liquidation centrale* (2) et celle qui a lieu entre les agents et les donneurs d'ordre. (Titre V. de l'ancien Réglem. des Agents de Ch. Art. 176 et suiv.) L'agent comptable et six commis liquidateurs, désignés à tour de rôle sous la surveillance de trois agents de change, désignés par le syndic, sont chargés des opérations de la liquidation. Voici comment elles sont réglées.

Pour la liquidation fin du mois (3) : A la première bourse du mois suivant, a lieu la liquidation de tous les fonds d'Etat Français. A la deuxième Bourse, on liquide toutes les autres valeurs ; le troisième jour est réservé au travail intérieur que doit faire chaque agent de change, enfin le cinquième jour, a lieu, par l'intermédiaire de la Chambre syndicale, la remise des effets et le paiement des capitaux.

La liquidation de quinzaine ne dure que quatre jours : on liquide le premier jour toutes les valeurs dont la liquidation se fait deux fois par mois. Nous nous contenterons

---

(1) Ruben de Couder, n° 48 et Guillard, p. 91.
(2) Lyon-Caen et Renault, t, IV. n° 972.
(3) Buchère, n° 572. Décret du 7 Aout, 1890, art. 65.

d'étudier la liquidation de fin de mois : la liquidation de quinzaine étant absolument identique.

Lorsqu'arrive la première Bourse du mois, les clients d'un même agent de change peuvent avoir fait plusieurs opérations diverses sur les mêmes valeurs : avoir acheté et vendu successivement les mêmes titres. Or, si en cas de vente, il y a pour eux obligation de livrer les titres et d'en recevoir le prix, en cas d'achat il y a pareillement obligation de payer les sommes convenues et le droit de recevoir les titres: ils sont donc tout à la fois créanciers et débiteurs de titres, créanciers et débiteurs de sommes. En matière civile, lorsque deux personnes se trouvent à la fois créancières et débitrices, l'une et l'autre, il s'opère entre elles une compensation qui éteint les deux dettes. Or, ce même principe est applicable entre l'agent de change et son client : les bordereaux ne mentionnant pas, en effet, les noms des confrères avec lesquels on a traité, l'agent devient personnellement débiteur ou créancier vis-à-vis de son client.

La compensation de titres n'offre aucune difficulté, lorsque le client a acheté et vendu chez son agent des quantités de mêmes valeurs, on compense les achats par les ventes. Si les quantités ne sont pas égales le client est débiteur ou créancier, suivant que le solde le constitue acheteur ou vendeur.

Cours de compensation. — La compensation des sommes n'est pas aussi simple, jamais les titres n'ont été achetés au même cours. Pour rendre cette liquidation praticable et facile, on suppose que tous les achats et ventes sont faits à un cours uniforme, fictif appelé *cours de compensation*. Ce cours est fixé par le syndic ou ses adjoints, d'après les cours cotés les premiers jours de liquidation des différentes valeurs : à la première Bourse du mois pour les rentes, à la seconde pour les autres valeurs et pour la liquidation de quinzaine à la Bourse du 16 dans des circonstances analogues (Art. 67 du décret de 1890). Si le client a acheté à des taux différents de ceux du cours de compensation, il se verra créancier ou débiteur de son agent et pourra lui réclamer ou devra lui payer les différences.

Bozérian cite l'exemple suivant (1) : Je suis acheteur chez M. Tattet, agent de change, de 3.000 fr. de rente 3 % à 70 fr. 80, vendeur de 3.000 fr. de la même rente à 71 fr. 50 ; le cours de compensation est fixé à 71 fr., d'après ce cours, on admet fictivement que j'ai acheté et vendu à 71 ; mais, comme en réalité, j'ai acheté à 70 fr. 80, M. Tattet me doit une différence de 0 fr. 20 par titre : soit 200 fr., et comme j'ai vendu à 71 fr. 50, il me doit une autre différence de 0 fr. 50 par titre, soit 500 fr. C'est donc en totalité 700 fr. que j'aurai à recevoir chez mon agent de change. Le cours de la compensation ne fait que simplifier les calculs, sans porter préjudice aux parties contractantes.

Mais au lieu d'avoir opéré chez le même agent de change (2), il peut arriver que le client ait fait ses opérations par l'intermédiaire de plusieurs agents. Il a, par exemple, acheté chez A. 3.000 3 % à 90 fr. 80 et vendu chez B. à 91 fr. 50. Il devrait donc payer 90.800 à l'agent A., prendre livraison des titres, les porter chez B. et recevoir 91.500. Pour arriver au même résultat, grâce au cours de compensation, il suffira de faire passer les titres des mains de l'agent A. dans celles de l'agent B. : le client aura ainsi « compensé en titres », sa dette chez l'agent B. par sa créance chez l'agent A., il devait, en effet, donner 3.000 3 % à B. et

(1) Bozérian, n° 104.
(2) Buchère, n° 577.

recevoir la même quantité de titres de A. Pour la compensation « en sommes » le même fait se produira. Supposons que le cours de compensation soit 91 : le client doit 91.000 à l'agent A. et doit recevoir 91.000 de l'agent B., les deux dettes se compensent entre les agents. Mais, comme en réalité, l'achat a été fait à 90 fr. 80, le client ne doit que 90.800 à son agent A. et il lui donne pour faire la compensation une créance de 91.000, l'agent sera donc redevable vis-à-vis de son client d'une somme de 200 fr. ; et vis-à-vis de l'agent B., comme le client a vendu à 91 fr. 50, qu'il devait recevoir donc 91.500 fr., que par suite de la fiction du cours de compensation, il ne recevra que 91,000, l'agent B. lui redoit encore 500 fr. En additionnant les deux différences à recevoir deux cents francs et cinq cents francs on obtient une différence totale de sept cents francs, qui est la même que la différence qui aurait été obtenue sans tenir compte du cours de compensation, en livrant à 90 fr. 80 et en recevant à 91 fr. 50.

Indépendamment de ce résultat produit par une compensation sur la situation respective des agents et des clients, la compensation a un autre effet sur la situation respective des agents (1). Ils n'agissent, en effet, qu'à titre de mandataires, les opérations qu'ils engagent, en exécutant les ordres de leurs clients doivent, avoir leur contrepartie nécessaire. Lorsqu'un agent a vendu à un client 3.000 fr. de rente, il doit avoir acheté une égale quantité de valeurs d'un autre agent et cette contrepartie doit être l'équivalent exact des ordres reçus et exécutés ; de façon que l'agent vis-à-vis de ses confrères est débiteur des sommes dont il est créancier vis-à-vis de son client, et réciproquement, il est créancier des sommes qu'il doit remettre à son donneur

(1) Buchère, n° 578.

d'ordre. Il y a équilibre parfait entre les deux situations. Or, le système de la compensation peut amener des modifications dans ces situations respectives, mais il ne doit jamais détruire cet équilibre. En voici un exemple. Le compte d'un agent de change à la liquidation se traduit par l'obligation pour l'agent de livrer 80.000 francs de rente 3 % à ses clients. Or, l'un d'eux acquéreur de 2.000 francs de rente est vendeur chez un autre agent de la même quantité. Pour cette portion de 2.000 fr. il y aura compensation entre les deux agents, ainsi que nous l'avons vu plus haut. L'agent de change verra donc une modification dans sa situation : au lieu d'être débiteur de 80.000 francs de rente vis-à-vis de ses clients, il ne doit plus que 78.000 fr. puisqu'il a dû compenser 2.000 fr ; mais, d'un autre côté, vis-à-vis des autres agents, il devait recevoir 80.000 francs de rente, il ne recevra plus que 78.000 francs à cause de cette même compensation. L'équilibre n'est donc pas détruit. Cependant, il faut ajouter que le client, acheteur et vendeur chez différents agents de change, peut éviter cette compensation, s'il a l'intention de reporter une partie de ses opérations à une prochaine liquidation. Il faut alors qu'il déclare à son agent qu'il ne lève pas les titres, qu'il ne livre pas les différences et qu'il désire continuer son opération : dans ce cas, il doit par l'intermédiaire de son agent trouver le contrepartie de son marché, le capitaliste qui voudra bien le reporter pour que l'équilibre des opérations reste toujours le même.

LIQUIDATION CENTRALE. — Toutes les opérations entre les agents de change sont soumises à la *liquidation centrale* (1), régie par l'article 68 du Règlement de 1890. « Par l'effet de

---

(1) Buchère, n° 580. — Lyon-Caen et Renault, t. IV, n° 972.

cette liquidation toutes les opérations entre les agents de change sont compensées, de manière à faire ressortir le solde en deniers ou en titres, à la charge ou au profit de chacun d'eux ». Ces soldes sont réglés par l'intermédiaire de la Chambre syndicale.

Voici comment elle s'opère : L'agent de change inscrit sur son carnet toutes les compensations qui lui sont indiquées par son client le 1er du mois, à la Bourse avant deux heures. De même, l'agent inscrit toutes les sommes ou les titres dont il est débiteur vis-à-vis de ses confrères. il établit une balance entre les achats et les ventes et se rend ainsi compte du solde dont il est débiteur ou créancier. Ces comptes sont soldés en capitaux sur les carnets de liquidation des agents de change.

Autrefois avant le règlement du 19 mai 1845, ils pouvaient faire entre eux la compensation autorisée pour les clients vis-à-vis de leurs agents (1). Pour les titres avant le même règlement, ils avaient la faculté de recourir à des bulletins de circulation de noms comme en matière d'escompte : Cette faculté leur a été retirée par le règlement de 1845.

A côté de ces bulletins conservés pour ordre, il y a les *feuilles de liquidation* (2), mais pour les étudier, il est nécessaire de continuer à exposer les formes de la liquidation centrale.

Le premier jour de la Bourse du mois, pour les rentes françaises, le second jour, pour les autres valeurs cotées, a lieu la liquidation. L'agent-comptable de la compagnie et les commis liquidateurs désignés à tour de rôle, sous la surveillance de l'agent de change désigné par le syndic ou ses adjoints, se réunissent dans un cabinet à ce affecté pour

---

(1) Frémery, p. 71. — Bozérian, n° 106, t. I.
(2) Frémery, p. 80. — Buchère, n° 582.

— 249 —

pointer et compenser entre eux les opérations. Le premier jour, chaque agent dresse *une feuille* sur laquelle il énonce, sans indiquer les capitaux, la quantité de valeurs dont il se trouve acheteur ou vendeur pour solde chez ses confrères. Lorsqu'il est acheteur, il joint à ces feuilles un bulletin des noms, s'il s'agit de rentes françaises, et un bulletin d'acceptations, s'il s'agit d'autres valeurs. Lorsqu'il est vendeur, il joindra à la feuille de liquidation un tableau indiquant les valeurs qu'il a à livrer. C'est ainsi que s'exprime l'article 180 de l'ancien Règlement général : « Chaque jour
» de liquidation il est dressé par chaque agent de change
» une feuille contenant le relevé, sans indication de capi-
» taux, des quantités d'effets dont il est acheteur ou vendeur,
» pour solde de chacun de ses confrères. L'agent de change
» qui lève les titres nominatifs en liquidation doit fournir,
» en même temps que cette feuille, des noms, lorsqu'il
» s'agit de rentes françaises, des acceptations, lorsqu'il
» s'agit d'autres valeurs. Les noms ou acceptations doivent
» être fournis en telle quantité que chacun d'eux repré-
» sente la plus petite coupure négociable à terme. Les
» vendeurs doivent remettre avec la même feuille un
» tableau indiquant les valeurs qu'ils ont à livrer et les
» quantités. Ce tableau, ajoute l'article, leur est rendu le
» surlendemain avec les noms des acheteurs auxquels ils
» auront à faire la livraison. Dans les Bourses de Bordeaux,
» Lyon, Marseille, Toulouse, ce travail s'exécutera en un
» jour au lieu de deux, ce qui abrège le délai des liquida-
» tions d'un jour. »

Il faut après cette opération procéder au règlement des comptes et carnets. On fait alors le pointage des capitaux et sans mentionner les effets (Article 181) ; on mentionne le solde des capitaux, résultant, ou de l'excédant d'achat, ou des différences de cours que l'agent doit à ses confrères. Ces soldes de capitaux ne sont portés qu'après accord et acceptation.

Après les avoir vérifiés et s'être assurés de leur conformité, les commis liquidateurs remettent à l'agent comptable les feuilles du 1er et du 2me jour, pour les valeurs, et du 3me jour pour les capitaux, toutes ces feuilles sont du même modèle et fournies par la chambre syndicale.

C'est à l'*agent comptable* que revient le rôle de terminer les dernières opérations. Il dresse quatre états généraux : deux pour les valeurs et deux pour les capitaux. Pour les valeurs il dresse un tableau des acheteurs, un tableau des créanciers et un tableau des débiteurs. Les tableaux ainsi fixés sont définitifs, aucun changement ne peut y être apporté, les réclamations ne peuvent se faire que par lettre visée par l'un des agents adjoints de service et dans un certain délai : la veille du pointage des capitaux, pour les valeurs nominatives et le jour même du pointage, pour les valeurs au porteur. Les tableaux étant ainsi définitivement arrêtés pour les rentes et pour les autres valeurs, les agents doivent se mettre en mesure d'opérer les livraisons, de même que les soldes des capitaux à leur charge.

C'est donc le cinquième jour de liquidation que s'opèrent les livraisons de valeurs et le paiement des sommes. Les effets au porteur se déposent entre les mains de l'agent comptable qui doit en faire la répartition ; les capitaux sont déposés par chaque agent de change à la Banque de France et les bulletins constatant les versements doivent être remis avant midi au secrétariat général. Une fois qu'il est nanti des titres et des bulletins, l'agent-comptable les répartit entre les divers agents et les fait créditer à la Banque, par l'intermédiaire des commissaires-liquidateurs, pour les sommes dont ils sont créanciers.

Exécution forcée. — Si par hasard, un agent n'était pas en mesure de livrer les titres qu'il doit, il peut être autorisé à titre de tolérance à remettre à son confrère indiqué pour en prendre livraison un « bon de ces titres (1) ». L'agent qui le reçoit peut le refuser ; s'il l'accepte, ce bon doit être accompagné d'un mandat de virement sur la Banque, au nom de l'agent acheteur qui a consenti à ne pas recevoir livraison pour une somme égale au prix des titres non livrés au cours de compensation. De plus, l'agent qui présente le bon doit en outre le faire accompagner d'une quantité d'engagements timbrés représentant le double des titres non livrés et qui seront perçus en cas d'amende (art. 196 du Règl. des agents de change).

Si le bon n'est pas accepté, l'agent retardataire remet le bon non accepté, le mandat et les engagements au Secrétaire général ; celui-ci en réfère au syndic et aux adjoints et on procède au rachat officiel aux risques et périls de l'agent en défaut. Ce rachat a lieu, sans aucune espèce de formalité, sans affiche, le jour même où la livraison devait être faite (art. 128, Règlement général. Art. 108, Règlement intérieur des Agents de change de Paris et art. 109 Ibid.).

Le courtage perçu dans ces circonstances est de 1/4 pour cent et tombe dans la caisse commune.

Si le bon a été accepté et que les titres ne sont pas livrés à l'époque convenue, l'agent possesseur du bon peut, de sa propre autorité et sans aucune formalité, opérer lui-même le rachat des valeurs. Deux agents de change sont désignés à tour de rôle par le syndic, pour surveiller la liquidation et la clore et faire, s'il y a lieu, un rapport à la Chambre syndicale constatant toutes les irrégularités qui ont pu se produire.

(1) Buchère, n° 587.

Ainsi donc, deux situations peuvent se produire :
1° Lorsque l'agent créditeur refuse le bon que lui présente son débiteur, le rachat a lieu d'une façon officielle ; 2° Si le bon a été accepté, c'est l'agent lui-même qui opère le rachat aux risques et périls de son confrère.

La situation entre les agents de change a été définitivement réglée par l'article 56 du Décret du 7 octobre 1890 : « Lorsque la Chambre syndicale a constaté qu'un agent de » change cesse d'exécuter les marchés qui le lient à ses » confrères, ces marchés sont liquidés dans les conditions » déterminées par les règlements de l'article 82, en prenant » pour base le cours moyen du jour de cette constatation. » Les créances que cette liquidation peut faire ressortir, en » faveur de l'agent de change défaillant, ne sont exigibles » qu'à l'échéance primitive de chacune des opérations » liquidées. »

Mais l'agent, pour pouvoir lui-même régler son compte avec ses confrères, doit avoir reçu les titres de ses clients ou, tout au moins, doit être averti le 1er du mois avant deux heures par ses clients que les titres achetés sont levés, si les titres vendus sont livrés ou si l'opération est simplement reportée. Si l'agent n'est pas complètement couvert par son client, ou si le client ne trouve pas moyen de se faire reporter, comme l'agent vis-à-vis de ses confrères doit remplir ses engagements, il « exécute » son client, c'est-à-dire, aux risques et périls du donneur d'ordre, il achète ou vend les valeurs (1).

Il y avait autrefois une grande incertitude dans la jurisprudence au sujet de cette question, on n'était pas d'accord sur les droits de l'agent vis-à-vis de ses clients. Les tribunaux admettaient en général que l'agent pouvait exécuter

(1) Lyon-Caen et Renault, t. IV, n° 993. — Thaller, n° 787.

le client sans mise en demeure préalable. Cette mesure paraissait trop rigoureuse et contraire aux principes de la propriété du donneur d'ordre sur les titres. Tout récemment, la Cour de Cassation, dans un arrêt du 30 Avril 1897, (Journal le Droit, 9 mai 1897) a décidé que «les effets achetés à terme par un agent de change pour le compte d'un client, dans une opération de Bourse antérieure au décret du 7 octobre 1890, et sans qu'une couverture ait été convenue, n'ont pu être vendus par l'agent sans un ordre du client ou sans une mise en demeure régulière d'avoir à fournir les fonds nécessaires pour le paiement des valeurs à l'échéance.» Malgré tout, l'usage était constant à la Bourse de Paris d'exécuter sans mise en demeure, et l'art 69 du Décret d'octobre 1890 est venu préciser cet usage constant :
« Lorsque le donneur d'ordre n'a point, le premier jour de
» la liquidation des diverses valeurs et avant la Bourse,
» remis à l'agent, suivant les cas, les titres accompagnés
de la déclaration de transfert ou les fonds accompagnés,
» le cas échéant, de son acceptation, l'agent de change peut
» exercer, sans qu'il soit besoin d'une mise en demeure
» préalable, et à l'égard de toutes les opérations engagées
» par le donneur d'ordre en défaut, les droits spécifiés en
» l'art. 59 ». L'article 59 parle de l'exécution.

Lorsqu'un donneur d'ordre s'est fait reporter, même plusieurs fois successivement, s'il ne remplit pas ses engagements avant la fin de la liquidation, l'agent a le même recours : l'exécution sans mise en demeure préalable. Un jugement du Trib. de commerce de la Seine du 5 mars 1896 (Journ. Le Droit, 19 juin 1896), lui reconnaît ce droit, si le client n'a pas payé les différences au plus tard le quatrième jour de la liquidation. Mais, le même jugement déclare que l'agent de change perd son droit, s'il laisse passer le délai de la liquidation. Dès que la liquidation est terminée sans exécution, le report devient définitif et la liquidation ne peut se faire que sur les cours de la liquidation suivante.

Mais les agents de change ne se contentent pas d'exécuter ainsi leurs clients, lorsqu'ils n'ont pas rempli leurs engagements à l'échéance du terme : au cours même des opérations, avant la liquidation, ils peuvent, en cas de forte baisse, demander à la chambre syndicale l'autorisation d'exiger un supplément de couverture, sous menace d'exécution. Et surtout, il est de principe, que l'agent, qui ne peut liquider en cours de liquidation les opérations faites à terme, peut toujours se défendre contre l'insolvabilité démontrée de son client. Si le donneur d'ordre ne remplit pas ses obligations échues et ne paie pas le solde dont il est débiteur pour ses comptes précédents, son agent, sans mise en demeure préalable et à toute époque, peut liquider son client, alors même qu'il n'aurait pas usé de son droit au moment de la liquidation précédente. Lyon, 22 janvier 1898 (La Loi, 19 février 1898).

Cet usage de l'exécution sans mise en demeure préalable fut critiqué par Bozérian (1), avant sa fixation dans l'article 69 du décret de 1890. On reconnaissait l'utilité de cette exécution rapide pour faire disparaître les difficultés surgissant dans les situations des agents de change entre eux au moment des liquidations, mais le droit des particuliers ne doit pourtant pas en souffrir. Ces règlements n'ont d'ailleurs aucun caractère légal. Lorsque, par ordre d'un client, l'agent de change a acheté des valeurs, ces valeurs sont la propriété du client et non la sienne. Elles ne sont la propriété du client que sous condition de paiement,

---

(1) Bozérian, t. I, n° 346.

il en résulte donc que l'agent ne peut être tenu de se dessaisir des titres avant d'avoir reçu le prix (Paris, 14 janvier 1848. Metz, 23 juin 1857. D. P. 48. 2. 14 et 58. 2. 36); mais il serait exorbitant de donner à cet agent le droit de vendre, puisqu'il a acheté ces valeurs pour le compte de son client et non pour le sien (1), et d'un autre côté, s'il a vendu par ordre de son client, le mandat qu'il a reçu est limité et il ne peut y avoir de mandat tacite de la part du donneur d'ordre, à l'effet de recouvrer une propriété qu'il entendait abandonner. De quel droit l'agent peut-il faire de sa propre autorité la contre-partie du mandat qu'il a accepté ?

Si nous reprenons l'étude de la jurisprudence, nous voyons qu'au début elle sanctionna cette théorie défendue par Bozérian (S. Coll. Nouvelle, t. VI. 2. 350). Puis une variation dans l'idée soutenue par la jurisprudence amena les tribunaux à faire une distinction.

Ils étaient tous d'accord sur ce point : que le droit accordé aux agents de change d'exécuter leurs clients avant l'échéance du terme était exorbitant. Peu importe que les cours aient considérablement baissé : le terme a été formellement stipulé par le client, aucun règlement ne doit pouvoir autoriser les agents de change à modifier les conditions de cette stipulation. (Paris, 18 janvier 1838. S. 39. 2. 145. — 10 mai 1856. S. 56. 2. 620. — 21 novembre 1883. Journ. Val. Mob., 1884, p. 445. — Paris 3me chambre. 6 février 1884. Journ. Val. Mob., 1884, p. 250 et 12 juin 1890. Dr. Financ., 1890, p. 403). C'est la théorie soutenue par Mollot (n° 185) qui s'appuie sur ce fait que la hausse peut succéder à la baisse et que la situation des donneurs d'ordre

---

(1) Conf. Mollot, n° 185 et Pand. Franç. Rép. Agent de Change, n° 275.

ne sera définitivement fixée que le jour de l'échéance à la liquidation.

Mais la question change, si on l'envisage après l'échéance du terme. Les valeurs achetées suivant les ordres du client sont bien la propriété du spéculateur, mais l'agent qui n'a pas reçu les capitaux, peut très bien garder les titres comme gage, il pourrait même les vendre après autorisation de justice ; mais il ne peut pas les réaliser sans aucune formalité, aux risques et périls du donneur d'ordre (1). Il faut, suivant les règles générales du droit commun, ou le consentement du client ou l'autorisation de justice. (Cass., 8 novembre 1854. S. 54. 1. 753. — Seine, Trib. comm., 18 mars 1881, Journ. Val. Mob., 1882, p. 173. — Lyon, 8 juin 1886, Journ. Val. Mob., 1886, p. 403. Il y eut cependant un tempérament admis par les tribunaux : le client ne peut ignorer les usages de la Bourse (2), ni le droit d'exécution admis en faveur des agents de change ; il y a donc, par le fait même de l'opération, un accord tacite entre l'officier ministériel et le donneur d'ordre. Mais l'agent doit malgré tout le mettre en demeure avant de procéder à l'exécution. Cette interprétation, qui est en contradiction avec les principes du droit, fut admise dans un but d'utilité, pour rendre confiance aux agents et les défendre contre les spéculateurs par trop indélicats. (Paris, 10 mai 1856. S. 56. 2. 620. — D. 57. 2. 2. — 24 juin 1857. S. 57. 2. 201. —22 août 1857. — 12 mars 1858. — Le Droit, 25 août 1857 et 21 mars 1858). S'il fallait que l'agent recourût à une demande judiciaire et à un jugement définitif pour obtenir l'autorisation de vendre ; il devrait suivre une route longue et coûteuse ; et il ne serait pas juste que cet agent qui a été contraint d'exécuter vis-à-vis de

---

(1) Aubry et Rau, t. IV, § 308.
(2) Lyon-Caen et Renault, t. IV, n° 993.

son confrère l'obligation contractée, pût rester sous le poids de cette obligation créée par la volonté du client et restée par sa faute inexécutée. Une simple mise en demeure suffirait donc pour mettre l'agent à couvert et dégager sa responsabilité.

C'est aussi pour les tribunaux une question de fait, dans laquelle il faut regarder les motifs pour lesquels l'agent a eu recours à l'exécution forcée ; s'il s'est basé sur de simples soupçons ou sur des craintes parfaitement fondées ? Une mise en demeure est d'autant plus utile, dans ces cas, que le client en n'y répondant pas, paraît ratifier les actes que pourrait faire l'agent au delà du mandat primitivement délimité (Art. 1998). Cette ratification ne doit pas être ici donnée dans les formes rigoureuses de l'article 1338 du Code civil, il ne s'agit pas, en effet, d'effacer une nullité, le silence du donneur d'ordre est une ratification, tacite, l'approbation des mesures que prendra l'agent. (Paris, 22 juin 1882. S, 83. 2. 203, D. 82. 2. 81. — Cass. 13 juin 1883, S. 84. 1. 184).

D'autres auteurs (1) ont voulu, pour défendre la théorie de l'exécution forcée, s'appuyer sur l'article 1657 du Code civil et invoquer la résiliation de la vente de plein droit sans sommation au profit du vendeur, pour inexécution après expiration du terme. Mais ici, dans l'espèce, on ne se trouve pas en présence de la contrepartie du vendeur, mais bien en présence d'un mandataire et l'exécution en Bourse n'est pas la résiliation du marché, mais bien sa réalisation.

L'emploi de la sommation est donc, malgré les termes de l'article 69 du décret de 1890, plus prudent que l'exécution sans mise en demeure préalable ; mais il n'est pas

---

(1) Pand. Franç, Rép. Agent de change, n° 274. — Crépon, n° 212.

nécessaire qu'elle soit faite par acte judiciaire ; une simple missive suffit, un simple avis permetttant au donneur d'ordres de se mettre en garde par un report ou autrement contre toute exécution forcée. (Angers, 8 août 1883. Journ. des Val. Mob. 1883, p. 458).

Vu :

Nancy, le 22 avril 1899

Le Doyen,

E. LEDERLIN

Vu :

Nancy, le 22 avril 1899

Le Président de la Thèse,

GARNIER

Vu et permis d'imprimer :

Nancy, le 24 avril 1899

Le Recteur,

CH. GASQUEL

TABLE DES MATIÈRES

INTRODUCTION. — Jeu et Spéculation :

    Critiques soulevées contre les spéculateurs.   9
    Distinction entre l'agiotage et la spéculation. Définition de l'agiotage de la spéculation   11
    Spéculateurs à la hausse et à la baisse.   13
    Différentes manières de produire la hausse ou la baisse. Ventes simulées. Accaparements.   16

PREMIÈRE PARTIE. — Marchés au comptant

Définition des Marchés au comptant. Leur nombre   21
Le Marché au comptant est-il acte civil ou commercial ?   23
Manières de l'employer, comme placement d'argent ou comme spéculation. Différentes spéculations.   24
Commune   25
Formalités. Cours du jour. Cours moyens, etc.   27
Livraison des titres : au porteur ; nominatifs.   30
Transmission de la propriété : par la livraison ; par la spécialisation   34

Questions de Droit :
    Difficultés entre les agents de change et les clients   40
    Exécution aux termes du Décret de 1890 : Difficultés entre les deux agents de change. . . . . ;   43
    Difficultés entre l'agent de change et un premier mandataire. L'agent de change doit-il compte au client ou au mandataire ?   44

DEUXIÈME PARTIE. — Marchés à Terme

Section I. — *Validité des Marchés à Terme*

Chapitre préliminaire :

    Les Marchés à Terme. Leur nombre   49
    Utilité pour les capitaux. Crédit public. Spéculation   51
    Sa validité au point de vue général. Est-ce la vente de la chose d'autrui ?.   54

Chapitre Ier. — *Législation et Jurisprudence antérieures à 1885* :

Le décret de 1716. Origine de la loi de 1724	59
Système de Law	60
Loi de 1724 (art. 17, art. 29)	63
Arrêts de 1785 et 1786	66
Différences entre la législation de 1724 et 1785	69
Législation intermédiaire. An III et an IV	70
Arrêt du 27 prairial An X (art. 13)	72
Quelle législation était en vigueur lors de l'apparition du Code de commerce ?	73
Jurisprudence avant 1823	75
— de 1823, 1832, 1856	77

Chapitre II. — *Loi de 1885* :

Motifs sur lesquels s'appuyaient les tribunaux pour découvrir le caractère d'un marché	79
Parère de 1824-1842	81
Projets de lois antérieurs	83
Texte de la loi de 1885	84
Discussion des articles	85
La loi de 1885 est-elle rétroactive ?	108

Chapitre III. — *Application de la Loi de 1885* :

Législation pénale, les articles 421 et 422 C. pénal supprimés	117
L'article 419 C. pénal, sa restriction aux effets publics	119
Législation civile. Jurisprudence	123
Théorie de l'admissibilité de l'exception de jeu	126
Jurisprudence. Fondement de la théorie	127
Théorie de la validité de tout marché à terme	131
Fondement de cette théorie. Jurisprudence	132
Conséquences des deux systèmes	135
La créance de jeu peut-elle être transportée à un tiers ?	138
— — compensée ?	140
— — novée dans un compte courant ?	141
Paiement volontaire et l'article 1967	143
Couverture. Définition. Utilité	146
Nature juridique. Est-elle un gage ? Un paiement anticipé ?	147
Réalisation de la couverture	149

Section II. — *Mécanisme des Marchés à Terme*

Chapitre préliminaire :

Règles générales	155
Quantités. Liquidations. Valeurs admises à la côte	155

CHAPITRE Ier. — *Marchés fermes* :

Définition. Bordereaux. 159
Responsabilité de l'agent. 162
Marchés par application. 163

CHAPITRE II. — *Marchés à prime :*

Définition. Légalité 165
Nature de la prime. Prime pour recevoir. 166
Formalités 169
Taux de la prime. Réponse des primes. 171
Particularité au point de vue de la couverture. 174

CHAPITRE III. — *Escompte :*

Définition. Historique. 177
A qui appartient l'escompte 179
Formalités. Escompte direct ou indirect. 181
Paiement de différences 186
Différents cas d'escompte 190

CHAPITRE IV. — *Arbitrage et commune*. 195

CHAPITRE V. — *Reports :*

Définition. Prix du report. Utilité. 197
Caisse de reports. Caisse de déports 202
Historique du report. 208
Validité. Est-ce un jeu de Bourse ou couvre-t-il l'exception du jeu? 210
Nature juridique du report 215
Conséquences des différentes théories. 225
Les risques. Les lots. Les coupons 226
Formalités. 233
Reports successifs. 235
Difficultés entre agents et clients pour la continuation ou la rupture des reports 235

CHAPITRE VI. — *Liquidation :*

Définition. Époque. Formalités. 241
Liquidations pour clients, compensation de titres, de sommes. . 243
Liquidation centrale. — Cours de compensation. 247
Feuille de liquidation. Rôle de l'agent comptable. 248
Exécution forcée : bon de titres 251
Légalité de l'exécution. 252
Exécution avant terme. 254
    — après terme. 256

LILLE. — IMP. A. MASSART, RUE DES PRÊTRES, 12

www.ingramcontent.com/pod-product-compliance
Lightning Source LLC
Chambersburg PA
CBHW070618170426
43200CB00010B/1829